우리가 꿈꾸는 **협회**
우리가 디자인한 **협회**

생각나눔

우리가 꿈꾸는 협회
우리가 디자인한 협회

임재우 지음

회원관리 시대에서
회원서비스 시대로

| 서 문 |

회원관리 시대에서
회원서비스 시대로

　이 책을 들어 살펴보는 독자라면 협회나 조합에 대해 다소간 관심이나 관련이 있는 사람일 것이다. 1986년 한국공인중개사협회(이하 '협회')창립 이래 30년 동안 우리 부동산시장은 너무나 많이 변했다. 그럼에도 불구하고 그 변화를 협회운영시스템에 전혀 반영시켜내지 못해온 것이다. 이런 현실을 바라보는 회원과 시장의 시각은 매우 난감하다. 현실도 제대로 헤쳐 나갈 역량을 갖추지 못한 무능에 비판과 아우성이 난무할 수밖에 없다. 지난 30년 동안 경험한 실패와 성공에서 챙겨야 할 것과 버려야 할 것 속에서, 챙겨야 할 지식과 경험들을 정리해 활용하지 못 하였다. 우리의 역사에서 배우고 변화를 예측하며 준비할 수 있는 유능한 협회로 바꿔야 한다.

　지난 30년 동안 정치·사회·경제적 변화를 반영하지 못한 운영시스템을 버리고, 이제 백지의 상태에서 새로운 협회를 건설할 절호의 시기가 도래해 있다. 여기서 지난날 협회 운영과정에서 나타난 사건이나 문제를 탓하자는 것은 아니다. 그 사건과 문제의 뒤에 숨어있는 근원을 찾아서 제거하고 활력을 되찾는 데 있다. 또다시 실패나 위기를 초래하는 우를 범하지 말아야 한다. 협회발전이 회원과 시장발전의 동력이다. 무엇보다 협회 기반이 안정되고 본연의 기능을 발휘할 수 있는 역량을 갖추는데 있다. 이런 전제에서 운영의 주체인 지도자 그룹의 분열과 대결의 양상은 결코 바람직한 일이 아니다. 협회가 내부결속으로 제 기능을 발휘하며 발전하기가 더욱더 어려워지기 때문이다. 회원의 화합과 단결이 성장의 조건이자 과업인 것은 분명하다.

　화합과 단결의 파괴는 회원으로 인해서 나타나는 문제일 수도 있다. 그러나 그 근원은 협회가 존재 이유에 충실하지 못한 데 나타난다는 가정에서 우리는 해법을 찾아야 한다. 회원이 가장 큰 불만과 불신도 협회가 존재 이유에 충실하지 못한 데서 발생한다는 지적을 부인할 수 없는 현실이다. 회원의 시각에서 볼 때, 해야 할 일을 하지 못 하는 협회란 시각이 지배적인 것이다.

　자! 이처럼 분명히 답이 나와 있는데도 해결하지 못 하고 있다. 무엇 때문일까? 해결을 하는 것이 어렵기만 한 일인가? 전혀 아니다. 그것은 지난 실패에도 불구하고 그 원인과 문제점을 찾아 해결하려는 지혜와 의지가 없는 데서 찾아야 할 것이다. 이런 무지에 의한 실패로 점철된 30년 역사를 살펴보면 똑같은 실패를 우린 지속적으로 반복해 온 것이다. 이제는 문제의 뿌리를 도려내고 성공과 발전을 향한 새로운 길을 모색하는 지혜도, 힘도 만들어내야 할 것이 아닌가?

기업이나 단체도 실패는 할 수는 있다. 그러나 그 실패가 지속적, 반복적으로 이어질 때는 제도와 시스템을 점검하고 문제를 찾아 그 뿌리를 제거해야 한다. 협회가 이 시대에 적합한 제도와 시스템을 갖췄는지, 존재 이유에 충실한 가치를 추구하는지, 미래 변화를 예측하며 준비하고 있는지, 회원이 추구하는 가치를 존중하고 있는지, 시장의 문제에 충실히 대응할 수 있는 역량은 갖추고 있는지, 이러한 의문에 관한 호기심이 변화의 방향에 관한 생각들을 담아본 것이다.

또한, 협회가 목적에 충실한지, 어떤 역량을 갖추어야 할 것인지, 어떤 가치를 제공할 것인지, 회원은 어떤 의미와 가치로 참여할 것인지, 협회란 어떤 존재인지, 어떤 서비스와 가치를 제공해야 하는지, 회원들이 느끼는 의문들에 대하여 의미 있는 고민을 함께하며 그 답을 찾는 생각 속에서 변화의 방향을 추구하는 방안들이 고여진 것들이다. 그 중심에 회원을 하나로 묶어서 화합과 결속을 이루어내고 공통의 비전을 향하여 달릴 수 있는 협회로 만들어 낼 리더십이 요구된다. 현재 가장 취약한 부분도 소통과 결속을 이루어내는 리더십 부재에 있다고 할 것이다.

시장과 회원의 미래가 불안하다는 볼멘소리가 끊임없이 번지고 있다. 그 불안한 정서만큼이나 협회도 영향을 받아 위축되게 된다. 협회가 불안하거나 위축되는 것만큼이나 회원의 정서는 생존을 위한 변화와 혁신을 추구하는 본능이 분출하게 된다. 이런 변화는 생존이 아닌 삶의 질이 향상되기를 바라는 본능적 욕구가 가슴속에 도사리고 있기 때문일 것이다. 지난날에 그랬듯이 회원관리체제의 한계점에서 나타나는 적폐와 불신에 대한 실망감이 문제다. 이것이 회원을 또다시 변화를 추구하는 세력에 열광하도록 몰아치고 있다. 비판세력이 진짜 혁신세력이라는 확증은 없다. 그러나 비판세력에 공감할 수 있는 상황을 방관하고 있는 협회의 책임이 너무나 중하다.

협회가 잘 되길 바라는 것은 회원의 삶과 시장 문제가 직결되기 때문이다. 회원의 미래는 협회의 성패에 따라 크게 영향을 받게 된다. 작금의 시장은 회원의 꿈은 사라진 채 오로지 생존을 위해 상황에 휘둘리는 시장이다. 원칙도 규율도 없는 무법시장이다. 규율과 질서가 없는 시장은 회원 공존의 전문시장이 아니다. 협회가 이러한 문제를 바로잡을 방향을 내놓지 못 하고 있다.

이런 상황에서 어떻게 회원에게 희망을 줄 것인가? 누가 어떻게 흩어진 회원과 내부 역량을 다시 추슬러 충전시키고 그 잠재력을 확장하면서 새로운 기회를 만들어낼 수 있을까? 우리는 내외적으로 큰 위기에 서 있다. 난마처럼 얽힌 현실을 타개하고 오히려 기회로 만들어야 한다. 그래야 우리가 또다시 꿈과 미래를 이야기할 수 있는 미소와 여유를 찾을 수 있게 될 것이다.

우리가 현재의 회원관리체제를 유지하는 한 한국공인중개사협회는 꿈과 희망을 잃은 협회, 쌓여온 분열로 이전투구 하는 협회, 뚜렷한 명분도 없이 네 편 내 편으로 나누어져서 치열한 분쟁으로 이어지는 상황의 개연성이 크다. 회원과 시장을 망치고 협회도 스스로 망치는 길이다.

회원관리체제를 유지해온 오늘의 어려운 현실을 돌아보자. 국토부와 정책의 쟁점을 두고 싸우는 듯싶지만, 사실은 현실에 안주하고 기득권 지키기에 골몰하고 있다. 회원을 위한 정책을 펼치겠다고 약속했지만, 반드시 이루어야 할 변화의 핵심에는 조금도 다가서지 못 하고 있다. 이것이 바로 회원관리체제가 가지고 있는 시스템의 한계성에서 나타나는 현상이다. 회원관리체제에서 협회의 실질적 주인은 협회다. 회원은 협회에 종속되어 있는 관리의 대상일 뿐이다. 협회가 할 수 있는 일이 회원을 관리하는 차원의 한계를 도저히 뛰어넘을 수가 없다는 점이다. 여기서 우리는 문제의 정곡을 찌르는 답을 찾아내야만 한다.

앞서 이야기했지만, 관리조직은 단순히 회원을 관리하는데 목표를 한정한다. 회비와 교육, 그리고 행정지도와 지원이라는 가장 낮은 수준의 서비스를 제공하는 것이다. 협회가 주인인 모양새다. 반면에 서비스 조직은 회원이 협회의 주체이자 목적고 주인이다. 협회가 해야 할 일이 확연하게 달라진다. 회원과 시장의 성장과 발전을 돕는 것을 목표로 한다. 회원에게 유익한 정책과 지식을 생성하여 제공한다. 회원의 니즈에 부응하는 서비스를 제공하는 일과 회원의 성장에서 그 의미와 가치를 찾는다. 이런 변화는 기적 같은 변화로 보이게 된다. 공산주의 종주국 소련이 하루아침에 자유국가로 바꿔낸 그 기적을 우리도 만들어내는 변화와 기적을 이뤄내야만 한다.

　이 책은 한국공인중개사협회의 현실을 파헤치고 비판하면서 문제를 정확히 파악하고, 그 답을 찾아 실천하는 유능한 협회를 건설하는 데 있다. 회원과 협회에 희망을 심어주는 이야기들이다. 오랫동안 협회에 누적돼온 내부적 쟁점들, 상호 싸우고 증오하며 풀지 못 하는 문제들, 상호 상처받고 손해 보면서도 풀지를 못 하는 문제도 시원히 풀어나가는 통합의 리더십 이야기다.

　새 시대를 열어갈 '새로운 협회'는 관리시스템을 청산하고 회원 중심의 서비스 시스템을 구축하여 '회원을 위하는, 회원을 돕는 협회'를 만드는 것을 그 목표로 삼았다. 현재의 제도와 시스템에서 장점은 취하되 단점은 철저히 척결하고, 미래 번영을 이루어낼 역량을 갖춘 강력한 협회를 건설하는 데 있다. 우리가 도전하고 성취할 방향이 보이는 것이다. 이런 변화의 핵심은 회원의 시각에서 출발하지만, 그 안에는 소비자와 시장발전이란 공익과 직업인의 사회적 책무와 가치를 소중하게 담아냈다. 정부 당국은 물론, 정치·사회적인 시각과 인식을 새롭게 바꿀 수 있는 신선한 변화다. '새로운 협회'란 우리(회원)가 꿈꾸고 설계하고 집(협회)을 짓는 거대한 역사다.

이러한 변화를 이루는 데는 임직원과 회직자들은 물론, 회원과 회원단체의 도움도 필요하다. 새로운 협회를 건설하는 역사적 과업에 회원 모두가 참여해야 한다. 회원의 입장에서 더 나아가 시장과 소비자의 입장에서 협회를 설계하는 일에 직접적으로 참여하고 아이디어를 표명해야 한다. 회원이 꿈꾸는 협회를 회원이 스스로 디자인하자는 것이다. 이 책에는 그동안 함께 고민하고 토론하며 꿈을 키우던 동료와 선·후배의 간곡한 소망이 담겼다. 우리가 꿈꾸는 '새로운 협회'의 설계방향을 그대로 담아내는 데 정성을 다했다. 미흡한 부분이 있어도 혜량하여 주리라 믿는다.

'새로운 협회'가 회원을 돕는 협회, 회원 서비스를 목표로 하는 변화는, 회원과 시장에 더 나은 미래, 희망찬 미래를 담보할 수 있을 것이다. 실의에 빠진 회원에게 희망을 줄 수 있고, 새로운 비전과 목표를 제시하는 것이다. 회원들 염원인 삶의 질과 사회적 입지 향상이 이뤄지는 시장으로 바꿀 수 있는 역량을 갖추는 길이고 그 실현 가능성은 높아질 것으로 기대한다. 이런 변화의 핵심은 소비자중심의 시장으로 자리를 잡아야만 그 실현이 가능하다는 사실이다. 새로운 질서와 규율은 소비자 권익을 보호하고, 부동산시장에 순기능을 생성함으로써 국가경제에 기여하는데 있는 것이다. 이런 변화가 협회를 국가·사회에 공익단체로 자리 잡을 기회를 앞당길 것이다.

이 책의 PART 1에서 PART 4는 '새로운 협회'를 다루고 있다. 그동안 협회운영이 어려워야만 했던 여러 요인을 깊이 분석하고 대안을 살펴본 것이다. 회원관리체제의 문제와 허상을 파헤치고 새로운 협회를 건설하는 의미와 가치를 살펴보며 그 방향을 찾아 정리해 보았다. PART 5는 지금까지 협회 경영에서 나타난 문제와 의문에 대해 대화 형태로 정리해 보았다. 자문자답 형식으로 오늘의 문제점과 그 대안을 설파함으로써 '새로운 협회'의 의미와 가치를 쉽게 이해할 수 있도록 하였다.

이 책에 담긴 생각들이 현실로 이뤄지기를 희망한다. 한국공인중개사협회가 처한 갈등과 고통의 어려움에서 벗어나고 존재 이유에 충실한 회원 중심의 '협회'로 태어나기를 바라는 회원의 간곡한 마음과 생각을 담은 것이다. 버려야 할 적폐는 확실하게 청산하여야 한다. 아니 모두를 헐어내 버리고 깨끗한 나대지에 투명하고 정직한 새로운 협회를 건설해야 한다. 회원의 협회, 즉 '회원을 돕는 것'을 목표로 하는 유능한 협회로 새롭게 태어나기를 간절히 바란다. 즉, '회원을 돕는 협회'를 기다리는 우리 8만여 회원들의 아름다운 꿈이 이루어지기를 소망하는 것이다.

2015. 08.
사무실에서

Contents

PART 3
리더십과 인재육성

PART 4
'새로운 협회' 만들기

'새로운 협회'로 가는 길

자신감을 상실한 조직은 이미 죽은 조직

역량부족 그리고 냉소와 불신

관을 보고도 모르는 무지

'소비자보호' 시장으로 혁신을

'우린 못 한다'고 포기하면 진짜 못 한다

변화가 없는 조직은 망한다

비전을 향한 조직, 희망찬 조직

비전을 제시하고 솔선수범해야

비전수립과정에 회원의 비전을 담아내야

'새로운 협회'에 희망이있다

1

자신감을 상실한 조직은
이미 죽은 조직

1) 제도와 시스템의 변혁이 답이다

우리 한국공인중개사협회(이하 협회)는 변혁으로 중흥의 길을 찾아 나서야 한다. 회원 모두가 중흥을 향한 도전에 목말라 있지만, 모두가 떨치고 일어날 용기를 내지는 못 하고 웅크리고 있는 모습이다. 판을 바꾸는 변혁적 변화에 도전하지 못 하는 것이다. 현실에 대한 변화 욕구는 넘쳐나도 방향과 목표를 찾지 못해서 나타나는 현상이다. 부동산시장과 회원은 심각한 위기에 처한 상황에 대한 현실 인식을 함께하고 있다. 모두들 변화가 살길이 분명하다고 말한다. 그러나 실패한 제도와 시스템의 굴레를 벗어나려는 결기를 보여주지 못 하고 있다. 원하는 것은 혁명처럼 거대한 변화인데, 불가능한 희망사항으로 치부한다. 이제껏 실패해온 제도와 시스템, 정책을 유지하자는 것은 절대로 혁신을 하지 않겠다는 다짐이 된다.

이런 상황을 가정해보자! 국수틀에 재료를 투입하면서 국수 가락이 아니라 칼국수 가락이 나올 수 있을까? 이것은 불가능한 상상이다. 그러나 해결하는 방법이 있다. 국수틀을 칼국수 틀로 통째로 바꾸면 된다. 우리는 협회의 변화를 갈망하면서도 이처럼 간단한 해법을 못 찾고 있다. 칼국수 가락을 얻기 위해 국수틀을 교체하듯, 협회의 제도와 시스템을 새롭게 바꾸면 된다. 조직목적을 달성할 수 있는 제도와 시스템으로 새롭게 만드는 것이 변혁이다.

세상의 변화속도는 협회 정책보다 언제나 빠르다. 협회가 열심히 한다고 해서 회원들이 모두 만족하거나 성과를 높이 평가해주길 바라지는 말아야 한다. 회원은 스스로 시장과 소비자 흐름에 대한 패턴을 읽어내고 따라잡는 감각과 속도가 본능으로 이뤄진다. 협회는 이러한 본능적 감각을 갖추지 못한 까닭에 회원의 필요에 부응하기가 어려운 것도 사실이다.

비전을 가진 지도자는 시장과 조직 미래에 대한 원대한 도전이나 새로운 길을 찾기 위해 부단히 노력한다. 그러나 현실에 안주하는 사람들은 '안 된다, 불가능하다'고 주장하며 변화를 거부한다. 문제는 분명히 공감하는데 그 방법과 생각은 전혀 다른 것이다. 안 된다는 사람들에게 "그럼 어떻게 해야 하지?" 물으면 대안도 없다. 당면한 문제에 대한 치열한 고민이나 궁리가 없기 때문이다. 심지어는 "왜 그런 고민과 궁리를 해야 하지?" 되묻고 이유조차 알려고 하지 않는다. '왜 도전이나 노력을 해야 하는지?' 관심도 없고 생각도 하지 않는다.

심지어 자신의 생존권에 지대한 영향을 미치는 시장의 본질적인 문제조차 깊이 생각을 하지 않는다. 이런 상황에서 우리는 어떤 "변화의 가능성을 기대할 수 있을까?" 하는 절망적 안타까움도 있다. 이들에게 자신감과 도전의 용기와 동기를 부여하지 못 하는 협회의 구조적, 정치적 문제가 바로 우리가 해결해야 할 근본적인 문제이자, 협회에 주어진 당면 과제다.

2) 준비된 목수를 찾아야

우리 속담에 "일 못 하는 목수 연장 탓만 한다."라는 말이 있다. 자신이 일을 감당할 수가 없으니 일을 할 수 없는 핑계를 찾는 것이다. 무슨 일이든 하려고 생각하고, 해야만 한다고 생각하고 깊이 궁리를 하다 보면 해결 방법은 보인다. 그러나 문제 해결 의지도 없이 목수 자리를 차지한 채 이 핑계 저 핑계를 대는 무력한 리더십을 우리는 종종 보게 된다. '할 수 있다'는 도전정신은 긍정적이며 창조적인 상상력을 끊임없이 분출해낸다. 그 속에서 할 수 있는 방법이 보이거나 찾아지는 것이다. '이 방법이 없으면 다른 방법은 없을까?', '개선하거나 보완해서 해결할 방법은 없을까?' 등 해결하려는 의지가 그것이다. 생각하고 궁리하면서 '끝끝내 해내겠다! 기필코 승리하겠다!'는 생각과 열정이 있으면 방법은 찾아낼 수 있게 되어 있다.

그러나 '할 수 없다'는 전제에서 움직이는 사람은 처음부터 할 수 없다는 핑계를 찾기 시작한다. 긍정적인 생각은 사라지고, 안 되는 이유나 변명을 찾기에 골몰한다. 심지어는 해결할 수 있는 열쇠를 손에 쥐어줘도 '열쇠를 사용할 줄 몰라서 못한다'고 그들은 말할 것이다.

할 수 없다고 생각하는 사람에게는 아무리 일을 시키거나 함께 일하자고 호소해봤자 소용없다. 오히려 그런 사람은 팀 구성원에서 빼는 것이 팀의 결속력이나 추진력을 강화하는 길이다. 중요한 일일수록 더욱더 철저히 배제해야 한다. 매사에 안 된다고 생각하고 문제의 본질을 고민조차 않는 사람은 조직은 물론 자기 자신의 발전 기회조차 파괴하는 사람이다.

목표 달성을 위한 정책 추진 과정에서 문제가 발생하여 일시 중단하거나 해결방법을 찾지 못 하여 어려움에 처할 수도 있다. 그러나 리더십은 회원과 시장의 미래를 위해서 과감하게 길을 찾아 나서야 한다. 목적을 달성하기 위한 과정이나 방법이 어렵다거나 다소의 위험이 따른다고 포기한다면 아무런 일도 추진할 수 없어진다. 분명한 것은 협회가 목적과 사명을 이루기 위한 장·단기 사업이나 정책을 실현해야만 성공에 이르는 것이다. 명예를 걸고 추진하는 리더십의 치열함이 필요한 것이다. 원대한 목표를 이루는데 평평하고 쉬운 길은 없다.

  협회의 목적사업은 국가정책과 경제·정치·사회적 환경과 국민과 소비자 단체 등 다양한 이해관계자들의 상호관계가 복잡한 변수로 작동하게 된다. 그들의 입지를 정확히 이해하고 동의하면서도 그들을 이해시키고 공감을 얻어내는 지혜롭고 유연한 처세를 유지하여야 한다. 이렇게 미로처럼 복잡하게 보이지만 우리는 문제를 풀어내고 길을 찾아내야 하는 것이다. 부동산시장의 전문단체로서 '소비자 권익'이 존중되는 공정한 시장을 이루는 목표를 이뤄야 하기 때문이다. 국가와 사회 전반의 공감과 동의를 얻지 못 하면 아무리 좋은 정책이라도 이뤄낼 수가 없다. 국가와 사회적 동의를 얻을 수 있도록 공공성을 내포한 정책을 펼쳐 나가야 할 것이다.

  어렵고 중요한 정책일수록 단기목표로 정하여 성급히 공략해서는 실패가 십상이다. 어려운 과업일수록 서두르지 말고 중·장기 목표로 설정하고, 정책실현에 부정적인 영향을 미칠 부분들을 세세히 점검하고 방해요소를 제거하며 철저히 준비해야 한다. 예성되는 문제들을 제거하고 보강하면서 정책실현을 위한 길을 찾아내는 일이다. 깊고 폭넓은 궁리로 보강하고 도전하는 지혜가 필요하다. 잘 준비된 목수가 되어야 한다.

3) 작은 성공이 큰 성공으로

"포기하지 마라! 결코 포기하지 마라!" 영국의 전 총리 처칠의 명연설문의 전문이다. 우리 능력으로 충분히 해내고도 남을 일도, 우리 스스로 '못 한다'고 포기하면 절대 할 수가 없다. 참으로 어렵고 불가능해 보이는 일도 '해내야만 산다'는 위기나 절박감에 처한 사람들이 거뜬히 이루어낸 성공사례를 우리 주변에서도 손쉽게 찾아볼 수 있다. 그 기적 같은 성공의 원동력은 문제를 해결하고 살아남거나 성공하여야 한다는 절박감과 열정만이 만들 수 있는 기적이다.

부동산시장과 회원의 권익 신장은 회원 공통의 과제다. 회원 개개인이 스스로 해결할 수 없는 과제가 있다. 이처럼 시장과 회원의 난제를 해결하기 위해 조직을 구성한 것이 협회다. 협회가 제 기능을 제대로 발휘하지 못하고 있다. 회원의 고통과 제도에 관한 문제를 풀어내는 역량을 보여주지 못하는 것이다. 협회에 참여해야만 하는 이유와 그 가치를 보여주지 못 하고 있는 것이다. 이런 무능한 모습이 회원에게 '믿을 수 없는 협회'라는 불신의 골을 더욱 깊게 했다.

이러한 회원불신을 해결하기 위한 방법에 대하여 툭 터놓고 이야기해 보자! 분명히 신뢰를 회복할 길이 이미 나타나 있다. 협회와 구성원 모두가 회원 신뢰에 전념하는 집중력을 강화하면서, 어떤 위기나 난관도 극복하고 신뢰를 회복해야 한다. 우선 협회가 작더라도 정책에 성공하고 승리할 수 있다는 자신감을 가져야 한다. 승리의 성과와 경험이 회원의 신뢰를 얻어내며 자신감을 확산시켜 나간다.

우선 작은 일 하나라도 성공하는 것이, 협회에 성공 신화를 만들어 가는 시작의 역사가 될 것이다. '원하는 것은 우리가 얻을 수 있다'는 자신감을 갖추는 것은 바로 일당백의 전사로 바꾸는 조직 강화다. 성공의 성과와 가치를 확인한 구성원들의 눈빛을 자신감으로 가득 채워준다. 어떤 위기나 난관도 극복할 수 있다는 자신감으로 무장시켜 주는 것이다. 해낼 수 있다는 믿음이 그 어떤 세력이 침투해 와도 강력히 응징할 수 있는 힘을 만드는 것이다. 시장의 침입자가 두려워하는 협회, 새로운 가치에 도전하며 성공의 역사를 기록하는 협회로 우리 다시 태어나야 한다.

2

역량부족,
그리고 냉소와 불신

회원들이 참여를 외면하기 시작한 지 오래됐다. 신뢰를 잃은 것이다. 회원이 기대감을 상실한 것이다. 승리를 모르는 조직, 위난에 처한 조직에서 나타나는 현상이다. 회원이 바라는 것은 아주 작은 것, 손쉽게 할 수 있는 것이라도 정성껏 일하는 모습을 보여주길 바란다. 회원은 비즈니스에 필요한 지식과 정보를 신속하게 얻을 수 있기를, 자신의 비즈니스 과정에서 의문이나 문제가 발생했을 때 언제나 도움을 받을 수 있기를 희망한다. 협회가 비즈니스에 도움이나 희망을 심어줄 수 있는 멘토와 같은 역할을 해주길 기대하고 있는 것이다. 자신의 성장을 위한 다양한 전문교육을 저렴한 비용으로 시공을 초월한 교육을 받기 원하고 있다. 이러한 부분들은 협회가 실행 의지만 있다면 지금 당장이라도 회원에게 제공할 수 있는 서비스다. 아주 쉬운 일이지만 회원에겐 협회의 의미와 가치를 체감하고 감동할 수 있는 서비스다. 이런 기초적인 서비스만 잘 제공하여도 회원은 변할 것이다. 협회의 서비스 내용과 가치를 평가하는 계기가 되고, 그 가치에 호응하는 열성적 회원으로 변할 것이다.

　이처럼 단순하고 손쉬운 일조차 방관하고 있다. 회원의 이탈이 심각한 상황인데도 위기의식조차 못 느끼는 현상이 보인다. 공제사업에 참여하지 않는 회원이 30%대를 넘나드는 대형지부가 발생한 지 이미 오래다. 원인을 찾아 개선하거나 대안을 찾으려는 방향모습조차 보여주지 않는다. 회원의 냉소와 비난을 탓할 수 없다. 지부나 지회가 떠나는 회원을 잡을 수 있는 최소한의 명분을 주지 못하는 것이다. 협회의 심장은 살아있는지, 살아있다면 왜 살아있는지 알 수가 없다. 손과 발이 있으니 걱정이 없는 모양이다. 손과 발이 아무리 튼튼하고 힘이 좋아도 피가 공급되지 못 하면 손도 발도 아니다. 그저 뼈와 살에 불과할 뿐이다. 협회에서 가장 중요한 기능은 손과 발이 아니다. '회원이라는 피'다. 그 소중한 피가 빠져나가며 보내는 분노와 불신의 신호를 위기로 받아들이지 못 하는 무지가 너무 두려운 일이다.

　안타까운 것은 리더십이 바뀔 때마다 냉소와 비판의 수위가 점점 더 높아지는 현상이다. 회원은 후보자 공약이 이뤄지면 나아질 것이란 기대, 아주 작은 변화라도 이뤄지길 기대한 것이다. 그러나 '바뀌어도 똑같다!'는 변화부재가 불신의 골을 더욱 깊게 만들어왔다. 누구도 못 믿겠다는 것이다. 분노하고 비판하는 회원을 탓할 수 없다. 집권자는 "법을 바꾸고, 시장을 바꾸고, 보수도 개선하고, 협회도 혁신을 하겠다."라는 공약을 앵무새처럼 반복했다. 문제는 집권 후다.

공약은 이행하지 않고 변함없이 현상을 유지 관리하는 구태를 답습하는 것이다. 그 본질적 원인은 회원권익이나 시장과 협회의 변화를 이뤄낼 비전과 가치관이 없는 연유로 보인다. 모르는 일은 아무것도 할 수가 없다. 준비도 능력도 없는 무모한 약속을 한 것이다. 힘찬 도약의 리더십을 만날 수 없는 이유의 하나다.

1) 회원 이탈과 신뢰회복

회원들의 의사표시가 수치로 나타나기 시작했다. 공제사업에서 20%[1]대에 달하는 회원 이탈 현상이다. 이 사태를 언제까지 방치할 것인지 너무 두려운 일이다. 우리 협회 30년 역사상 가장 심각한 위기다. 동독이 하루아침에 무너진 것은 동독정부의 조직이 허술하거나 기능이 부실해서 무너진 것이 아니다. 원인은 동독 국민의 마음이 서독으로 간 것이다. 동독인들은 자유로운 삶, 가치 있는 삶을 찾아서 서독으로 갔고, 모두가 그 길로 가기 때문에 국경선이 무너져버린 것이다. 동독의 국민이 서독으로 가는 순간 국경도 동독이란 국가도 사라져버렸다.

"왜 동독 국민들이 서독으로 가야만 했나?" 하는 의문에 대해서 부문별로 질문하고 답하며 해법을 찾아보는 과정을 통해서 우리는

---

1) 2014년 11월 30일 기준

공제사업 회원이탈 현상의 본질을 찾아야 할 것이다. 무엇보다 회원 권익과 복리증진, 투명성과 정직성, 부동산정책 문제 등에 부문별로 어찌해왔는지 깊이 성찰해야 한다. 회원에게 변화와 도전의 성실한 모습을 보여줘야 한다. 비전이 보이는 변혁적 변화가 회원의 마음을 얻는 방법이자 잃어버린 신뢰를 얻는 길이다.

참신한 변화는 회원의 생각과 태도에 크게 영향을 미치게 된다. 늘 냉소와 비판으로 적대시하던 사람, 불만과 분노로 가득한 사람, 대안 없이 '잘하라'던 사람, 비난을 위한 비난만 하던 사람들도 달라질 것이다. 처음엔 '언제까지?' 하고 의심하며 살펴보겠지만, 일정 기간이 지나도 변함없는 태도와 정책으로 이어지는 것을 보여주면 회원도 변할 것이다. 협회가 변했다고 느끼는 순간, 등 돌린 회원들이 돌아오게 될 것이라는 것은 나만의 희망 사항일까?

2) 섬세하고 사려 깊은 준비로 도전하는 리더십

위기에 처한 국가나 단체는 생존본능이 작동하게 된다. 위기에 굴하지 않고 과감히 대처하고 극복한다. 도전해온 상대방을 철저하게 응징하며 스스로를 지키는 것은 생존의 본능이다. 국가나 단체는 끊임없이 반복해서 나타나는 수많은 위기와 난관을 극복하고 적응해야만 생존 할 수 있다. 또한, 그 경험들을 반추하며 생존역량을 더욱 강화시키면서 한 단계 더 성장하는 기회로 만들어 간다. 위기극복에 성공하는 것은 모든 구성원들에게 자신감과 긍지를 심어주며 사기를 진작시킬 수 있는 절호의 기회가 된다. 그러나 준비와 역량 부족으로 도전과 응징에 실패하는 조직에겐 치명적이다. 생존권을 상실하고 사라질 수도 있다. 적자생존이다.

새로운 시장을 향한 도전은, 지도자의 가치관, 그리고 '꿈과 희망'을 향한 열정과 의지, 그리고 추진력의 정도에 따라서 다르게 나타나게 된다. 지도자가 도전하는 목표와 가치가 클수록 달성하기 위한 길이 험난할수록 그 성과도 비례하게 된다. 곳곳에 위험 요소와 변수들이 잠재해 있을 것이다. 부동산시장을 향한 외부의 침탈은 물론, 행정적·제도적 압박과 제약이 발생하는 어려움이 수시로 나타나고 있다. 회원과 회직자들이 한마음으로 잘 극복해 왔지만 늘 미흡하고 불안한 것이 시장의 현실이다. 부동산시장의 제도와 정책이 즉흥적이고 근시안적으로 보이는 것이다. 시장흐름보다는 경제상황에 따르는 정책을 반복하면서, 예측할 수 없는 시장으로 비춰는 소비자의 불안감이 원인이다. 정부 당국의 정책이 근시안적일수록 협회의 준비가 더욱 전문적이고 체계적이어야 한다. 이를 통찰하고 연구하고 대처하는 준비된 리더십이 지속되어야 할 것이다.

3) 준비된 인재 요건: 통찰력, 전문지식, 실무 노하우

협회가 도전하는 목표는 원대하고 그 성공이 이루어낼 성과와 그 가치도 높아야 한다. 정치·사회적으로 민감한 부분도 있어 반대의 목소리가 거셀 수도 있을 것이다. 그러나 회원의 꿈과 이상이 담긴 매우 높은 수준의 목표를 가져야 한다. 회원의 생존권과 시장의 안녕과 '소비자 보호'를 이뤄야 하는 세 마리 토끼를 잡아내는 시장으로 바꾸자는 것이다. 치밀한 준비와 지속적인 연구 속에서 얻어내야 할 거대한 정책으로 결코, 포기할 수 없는 목표다. 정치·사회적으로 또는 유관 단체나 기관에서 이해관계로 다소의 갈등이 나타날 수도 있다. 이처럼 민감한 환경들을 주의 깊이 관찰하며 유연하게 추진해 이룰 수 있는 인재가 필요하다.

목표를 향한 도전에는 만반의 준비가 있어야 한다. 매사가 긍정적인 사람이 성급하게 좋은 아이디어가 떠오른다고 곧바로 실행에 옮겨서는 실패하기 쉽다. 훌륭한 정책을 실현하기 위해서는 과정에서 발생할 변수나 위험 요소는 없는지 살펴보며 치밀하게 준비해야 한다. 목표 달성을 위한 궁리 속엔 동료나 선·후배의 조언도 수렴하고 정보를 분석하며 차분히 검증해야 할 것이다. '성공이 약속된 도전으로 만드는 것'은 무엇보다 중요하다. 무모하게 도전하고 실패해서, 그 역풍을 감당하지 못할 수준으로 나타난다면 협회에 심각한 화근을 부를 수도 있기 때문이다.

위기나 난관에서, 거침없이 '나는 할 수 있다'고 나서는 사람은 대단한 용기와 지혜를 가진 사람이다. 그런 용기와 자신감은 깊은 통찰과 학습으로 준비된 사람에게서만 나올 수 있을 것이다. 자신의 지식과 경험에 의한 통찰력으로 문제의 본질을 꿰뚫어 본 것이다. 문제 해결의 방법과 역량이 준비된 사람의 선택이다. 자신의 분야에서 어떤 문제나 상황이 발생하여도 해결하거나 대처할 수 있는 능력을 갖춘 사람이다. 어떤 위험이나 도전에도 자신의 실력으로 그 목표를 달성하고 그 후속조치까지 깔끔하게 마무리해 내는 사람이 인재다.

그러나 경험에 의한 실무와 학습이 안 된 사람이 성급히 도전하는 것은 백전백패다. 목표를 이루기 위한 문제의 본질과 상황도 모르면서 무작정 목표를 달성하겠다고 달려들어 실패하는 것은 조직구성원의 사기만 떨어트리게 된다. 작은 목표를 향한 도전에도 위험이나 함정은 있다. 언제나 위기나 함정에 대응할 수 있도록 준비하고 실행에 옮기는 건실한 태도를 굳게 지켜내야 한다. 적극적이고 긍정적인 생각에는 철저한 준비와 폭넓은 시야가 필요하다. 도전 목표를 수행하기 위한 시나리오의 소소한 부분까지 철저하게 살펴서 나가야 할 것이다.

목표달성을 위한 깊은 통찰과 궁리에서 길은 나타나게 되어있다. 사려 깊은 통찰과 궁리를 위해서는 섬세한 관찰력과 지식, 그리고 현장체험으로 얻어진 경륜이 뒷받침되어야 한다. 생각을 많이 하는 것,

공부를 많이 하는 것, 회직자로서 협회 개혁에 관한 연구를 하는 것은 '회원과 협회, 부동산시장'에 관한 애정과 열정이 없이는 할 수 없는 일이다. 시장과 정책에 나타나는 문제나 도전과제에 대해 꾸준히 학습하고 연구하며, 스스로 해결 방안을 만들고 정리해서 후임자에게 그 노하우를 전수하는 인재를 협회는 정책적으로 육성해야 한다.

4) 조직을 강화시키는 인재

회직자는 회원과 시장의 문제를 개선하려 노력한다. 회원과 시장의 성장을 위한 사명감과 봉사의 열정이 있기 때문이다. 이런 회직자들은 협회의 나갈 길을 끊임없이 학습하고 궁리하기를 아끼지 않는다. 꾸준한 학습과 궁리는 협회와 시장의 본질을 제대로 통찰할 수 있는 능력을 개발하는 원동력이다. '무엇이 문제인가?', '무엇이 상황을 어렵게 하는가?', '핵심은 무엇인가?' 등 협회에 산적한 문제의 본질을 찾아서 끊임없이 자신에게 질문을 던지고 답하는 것이다. 필요한 지식을 학습하고 궁리하며 그 해결방법을 찾아 나서는 그런 사람이다.

일상적인 일에서조차 새로운 시각으로 더 좋은 방법을 찾아 나선다. 그동안 무심했던 문제의 본질을 찾아가는 것이다. 문제가 발생한 원인과 해법을 찾아 집요하게 궁리한다. 밝은 미래를 향한 열정이 작동하기 때문이다. 실패했던 일에서조차 얻어야 할 가치가 있다는 전제로 다양한 시각으로 궁리하는 인재는 실패했거나 포기한 일도 기초조사로 시작하여 새로운 방법을 찾아낸다. 그리고 실현 가능한 목표와 로드맵을 만들고 혁신을 향해 도전을 하는 사람이다.

이런 사람들은 실패하거나 성과가 미흡한 경우에 깊은 자괴감이나 회원에 대한 자책감으로 고통스러워한다. 자신에게 엄격하고 사명감과 책임감이 확고하기 때문이다. 그러나 실패나 성과가 저조하다고 주저앉지 않는다. 포기하는 것이 바로 실패를 확정하는 것이란 사실을 알기 때문이다. 도전을 포기한 사람들과 똑같은 선택을 하지 않는다. 이런 회직자들은 자신이 방심하면 협회에 손실이 되는 것은 물론 회원과 시장의 미래를 망친다는 것을 알고 있다. 매사에 진솔하고 정성으로 성심성의를 다하는 사람들이다. 이러한 회직자의 철저한 가치관은 주변 회직자들에게 번져나가 건강한 조직문화를 조장하는 비옥한 거름이 되어 준다.

5) 건강한 조직은 누가 만드는가

훌륭한 인재란 직무지식과 실행력이 뛰어나고 위기나 도전에 대해서 두려움을 모르는 사람이다. 시장에서 회원과 소비자의 문제가 발생했을 때, 회원의 니즈가 나타났을 때, 회원이 필요할 때, 가장 신속히 문제를 해결하거나 도움을 줄 수 있는 사람은 직원이다. 세상의 모든 문제들은 실천하는 사람이 해결한다. 아무리 올바른 생각이라도, 실천할 수 없다면 소용없다. 결과를 만들어 낸 사람은 생각을 이야기하는 사람이 아니다. 실천하는 사람이다. 자신의 소신과 가치관을 실현하기 위해서 과감히 도전하고 그 목표를 성취해 내는 사람이었다.

비전을 가진 사람들은 자신을 변화시키고 자신이 속한 단체나 시장을 변화시킨다. 끊임없는 학습을 통해 새로운 지식과 정보를 취합하고 궁리해서 목표 달성을 위한 방향과 방법을 찾아내, 스스로 도전하고 목표를 달성한다. 피터 드러커는 "진정한 지식은 그 자체에 행위를 포함하고 있다."라고 말했다. 아는 것으로는 의미가 없고, 실천이 따라야 한다는 이야기다.

개인이든 단체든 목적을 달성하기 위해서는 과정에서 나타나는 난관이나 위험을 감수해야 한다. 또한, 비전을 향한 장·단기 목표를 이루기 위해 도전하는 것을 두려워해선 안 된다. 목표 달성을 위한 과정에서 실패나 시행착오로 질책당하거나 대중의 공개적인 모진 비난도 감수할 용기가 있어야 진정한 리더십이다. 또한, 일시적으로 명예와 자존심에 상처받는 것도 감수할 수 있어야 한다.

정책이든 시장이든 문제의 근원과 그 해결 방안을 찾아낼 수 있는 곳은 문제가 발생한 정책이나 시장의 그 안에 있다. 그러므로 전문지식은 물론이고 현장에 뛰어들어 문제의 근원과 해법을 찾아내고 해

결할 수 있는 실천력을 갖춘 사람이 필요하다. 그것도 어떤 위험을 감

수하더라도 반드시 해결하겠다는 사명감과 열정으로 가득 찬 사람이

건강한 조직을 만든다.

3

관을 보고도
모르는 무지

회원들이 등을 돌리는데도 방관하며 위기를 모르는 조직은 이미 죽어가는 조직이다. 회원이 등을 돌이고 있는데도 지난날의 낡고 부실한 길로 똑같이 걸어가고 있다. 방만하고 나태한 협회가 다가온 위기를 직시하거나 성찰하지 못 하는 것이다. 회원의 불신과 경영위기가 반복되는 것은 위기신호를 제대로 읽지 못 하는 데 있다. 현실인식의 부재에서 나타나는 것이다. 임직원의 무지다. 협회 임직원은 회원이 등 돌리는 절박한 문제를 보면서도 원인을 찾아 해결하려는 태도를 보여주지 못 하고 있다. 이런 비극적 현상은 책임감과 사명감이 수반되는 리더십의 문제이자, 협회의 부실한 구조와 시스템, 그리고 방만함에서 나타나는 현상이다.

사무처에 지시가 없어서 그런가? 아직도 회원의 불신과 등 돌림 현상이 나아지지 않고 있는데 바라만 보고 있다. 직원들은 해오던 대로 근무하면 변함없이 월급은 꼬박꼬박 나온다. 그러니 절박한 위기의식

같은 것은 느낄 수 없는가 보다. 끝내 월급을 받지 못 하는 상황이 도
래해야만 직원이 위기의식을 느낄 것인가? 그때는 이미 직장은 폐쇄
되고 의자도 사라진 다음이 아닐까?

협회는 부동산시장과 회원의 발전을 위해 끊임없는 노력과 혁신을
추구하는 태도와 진정성을 보여주어야 한다. 이런 변화가 따라줘야
떠난 회원들에게 믿음을 주고 공감을 형성하며, 회원이 신나게 돌아
올 명분을 주는 것이다. 떠나버린 회원들이 유쾌한 마음으로 돌아올
수 있는 '새로운 협회'를 만드는 것이, 우리 협회와 회직자들에게 맡겨
진 이 시대의 임무다.

4

'소비자보호' 시장으로
혁신을

사실 한국공인중개사협회가 일반 기업이었다면 직원들은 벌써 직장을 잃고 하루아침에 갈 곳이 없어 산과 거리로 떠도는 실업자 신세가 되었을 것이다. 너무나 부실한 직장에서 근무한 경력으로 다른 직장에 취업하기도 어려운 상황에 처해버렸을 것이다. 회비나 공제에서 회원이 등 돌림 현상이 심각한 상황에 이르렀다. 협회나 직원은 문제를 해결하려는 직업의식이나 위기극복을 위한 노력과 궁리를 발휘하는 징후는 어디서도 찾아볼 수가 없다. 생각이 없으니 행동도 없다. 이럴 시간이 없다. 위기를 직시하고 대안을 찾아 나서야 한다. 협회와 회원을 망치고, 부동산시장을 망치고, 국가 경제와 사회에 커다란 폐해를 끼치는 것이다.

정관과 규정, 조직구조와 시스템 부실도 문제다. 그러나 이를 즐기는 세력이 변화의 길 몫을 막고 있다. 현실을 개선하고 새로운 길을 찾아야 한다는 생각조차 없는 세력이다. 변화가 필요하다는 현실은 인정하면서도, 무엇이 잘못되었는지, 문제와 방법을 찾으려는 노력도 하지 않는 세력들이다. 가장 안타까운 것은 지난날 실패한 길로 가면서, 실패한 방법을 반복하면서, 새로운 결과를 얻으려 한다. 이런 생각과 방법의 한계가 변할 수 없는 이유다. 이제 진정한 변화를 위해서 다른 길과 새로운 생각과 방법을 찾아 나서야 한다. 즉, '새로운 협회' 건설로 총체적 변화를 이루고 '소비자 보호'를 전제로 하는 시장의 발전을 추구해 나가야 할 것이다.

소비자 보호를 위한 시장을 목적으로 하는 '새로운 협회'의 건설은 공인중개사에게 주어진 책무이자 시대적 사명이다. 우리가 '새로운 협회'를 건설하는 것은, 시장에서 '소비자보호'를 위한 제도와 정책으로 바꾸고, 시장의 무질서와 불법의 근본적 문제를 해결하자는 데 있다.

우선, 협회가 '소비자 보호'에 관한 문제를 정치적·사회적 이슈로 만들어낼 역량을 갖춰야 한다. 이를 위해선 무엇보다 시장혁신의 기회를 잡거나 정치적·사회적 환경을 조성할 수 있는 실력을 갖춰야 한다. 이런 실력을 갖춘 '새로운 협회'가 '소비자 보호'의 목표를 실현하고, 정부의 부동산정책에서 동반자적 입지의 구축이 가능해 진다. 또한, 그 성과들이 회원에게는 삶의 질적 향상과 사회적 입지구축, 선진 시장으로 진화하는 선순환을 이루는 길이다.

다음은 대내외적 신망을 이뤄낼 회원통합의 능력을 갖추는 일이다.

우리가 '잘 살아 보자'는 회원의 기본욕구를 실현하기 위한 회원공동
체로 이뤄지는 것이다. 회원이 하나의 목표로 뭉치는 힘, 자신을 위해
학습하는 힘, '소비자 보호'란 직업인의 책무를 수행할 수 있는 힘을
갖추도록 회원들의 자아계발을 지속적으로 독려해야 한다. 이를 위해
협회는 학습하고 연구할 수 있는 교육과 쾌적한 학습 환경을 지속적
으로 제공해야 한다. 교육시스템과 전문교육과정으로 회원과 시장의
변화를 협회가 주도하자는 것이다. 시장과 사회에서 회원이 굳게 단
결하는 회원문화가 하나의 공동체를 이루고 소중한 공화정신(共和精
神)으로 이어질 것이다.

1) '새로운 협회'로 바꾸는 것

어떤 단체든 국가든 성패 여부는 그 구성원이 어떻게 하느냐에 달
렸다. 아무리 좋은 제도와 환경, 그리고 최첨단 장비를 갖춰도 구성
원의 의식이 낮으면 그 단체와 구성원은 성장할 수가 없다. 협회는 지
난 역사의 성찰 속에서 미래의 변화를 준비해야 한다. '왜 협회가 변
화를 이루지 못하는가?', '사무처는 무엇이 잘못됐기에 수시로 해고되
는 비극이 지속되고 있는가?' 두 가지 질문에 회직자와 직원이 준엄하
게 성찰하면서 그 해법을 찾는 시간이 되어야 한다.

성장하는 조직, 미래가 보이는 조직에는 회원, 회직자, 임·직원이 하

나 된 모습으로 나타난다. 회원, 회직자, 직원이 상호존중하고 희로애락을 나누는 가족의 마음, 회원과 회직자에게 사명과 직무에 충실할 것을 당부하며 앞장서서 실천하는 언행일치의 리더십이 기다려진다.

첫째, '회원 중시'와 '서비스 질'의 문제다.

'회원이 함께해 고맙다'는 마음을 담은 서비스가 회원에게 그대로 전해지고, 그 진정성을 회원이 공감할 수 있어야 한다. 형식적이거나 의례적이 아닌 진심이 고이 담긴 자세다. 협회가 '서비스 조직'으로 바꿔야만 하는 동기, 즉 '회원을 돕는다'는 목표와 가치관을 고스란히 회원에게 전달해야 한다. 회원 대다수가 "협회가 완연히 바뀌었네! 역시 '새로운 협회'다."라고 공공연하게 칭찬할 수 있는 수준이어야 한다. 협회와 담당 직원에게 격려하며 감사하는 '회원의 글'이 사무처에 쌓여지는 변화를 이뤄내야 비로소 성공을 하였다고 할 것이다.

직책에 대한 사명감과 열정, 그리고 정성이 담긴 서비스 정신으로 채워진 회직자와 직원의 태도가 일상적인 조직문화가 만들어져야 할 것이다. 어느 부서든 직원은 자신의 직무에 관해서는 회원에게 최고의 서비스를 제공할 수 있는 능력과 태도를 갖추기 위해 학습하고 훈련하는 것이 생활화되어 있어야 한다. 이런 태도는 직장에서는 물론 자신의 성장을 이룬다. 직원들의 학습과 훈련에서 얻어지는 결실들은 서비스의 질을 향상하면서 자신의 삶을 비옥하게 가꾸는 과정이 된다. 더구나 비영리단체에서 '회원의 성장을 돕는 서비스'를 훌륭하게 수행할 수 있다는 것은 대단한 자부심을 가질 수 있다는 점이다. 얼마나 보람찬 일인가?

둘째, 경영의 힘은 '건실한 재정'에서 나온다.

"경영은 재정을 건실하게 해야 한다."라는 경구를 명심해야 한다. 사무처는 정책과 재정에 관하여 일상적으로 점검하고 피드백을 활용해, 수시로 조정할 수 있도록 투명하고 정직한 시스템을 갖춰야 한다. 현실은 '친목회나 동창회의 총무 수준도 따라잡지 못할 정도로 방만하게 운영되는 것 같다'는 풍자가 회원 사회에 회자되기도 한다. 그럼에도 불구하고 협회는 재정 건전성에 대한 개념이 보이지 않는다. 피드백을 활용하거나 재정의 효율성, 그리고 투자와 성과 운용에 관한 문제들을 분석하며 개선하려는 움직임을 아직도 보여주지 못 하고 있다. 십 수 년 동안, 재정투자의 성과나 효과도 알 수 없는 방만한 경영을 지속해 왔다.

재정목표가 없는 방만한 경영이 협회를 어렵게 했다고 볼 수 있다. 재정이 부실하면 우선, 협회의 목적사업인 회원을 위한 정책도, 사업도, 추진할 수가 없게 된다. 더 극단적인 경우에는 사무처 직원의 월급조차 지급할 수 없게 된다. 협회가 회원을 위한 복지정책과 사업에 충실하지 못 하거나 중단을 한다면 회원들은 냉혹하게 비판하게 될 것이다. 회원들의 불만이나 비판하는 현상이 깊어질수록 협회는 재정부실이 악화되는 상황으로 내몰리게 된다. 협회는 모든 재원이 회원의 주머니에서 나오기 때문이다. 그러므로 협회에 '회원이 떠나는 것' 보다 더 두렵고 무서운 일은 없을 것이다. 또한, 회원이 떠난다는 의미는 바로 협회의 재정 부실화를 넘어서 극단적인 경우는 협회가 해체되어야 한다는 것을 의미할 수도 있다. 자! 이보다 더 두려운 일이 또 어디에 있을까?

협회의 개혁을 이야기하다 보면 안타까운 일이 있다. 일부 회직자와 직원들은 '우리도 할 수 있다'는 긍정적인 생각과 자신감보다는 '우리가 이걸 할 수 있을까?', '어림도 없어' 하는 부정적 사고에 빠져있다는 것이 아픈 현실이다. 실패로 전철된 조직과 성공을 맛보지 못한 조직에서 나타나는 불행한 현상으로 보인다. 30년 역사에 '혁신'에 성공한 사례를 찾아보기가 어려운 까닭이다. 회원과 회직자가 혁신에서 얻는 달콤한 결실을 맛보지 못한 것이다. 혁신은 조직 내부를 해부하여 자르고, 붙이고, 도려내는 지독한 고통이 연속되는 대수술이다. 성공에 대한 확신이 없으면 혁신을 추진하는데 두려움이 따르는 것은 지극히 당연하다.

그러나 '수술을 하지 않으면 죽는다'는 극단적인 상황 앞에서는 사람이든 조직이든 선택의 여지가 없다. 수술을 선택하게 된다. 이판사판 아닌가? 조직이나 개인의 삶에 대한 절박감이, 새로운 변화를 찾기 위한 원대한 욕망이, 혁신이라는 대수술에 도전하게 만드는 것이다.

협회가 '회원이 돌아오게 만들겠다'는 의지가 있다면, 부동산시장과 회원의 미래를 축복의 길로 이끄는 길로 가고자 한다면, 협회는 오장육부를 도려내야 한다. 버릴 것은 버리고, 바꿀 것은 바꾸며 새로운 제도와 시스템을 갖추어야 한다. 이런 거대하고 어려운 수술을 할 수 있는 능력과 각오조차 없는 지도자라면 우리는 그 어떤 변화도 기대할 수가 없다.

혁신이 일상화된 시스템과 조직문화가 없다는 것은 이미 썩어가고 있는 조직으로 보아도 무방하다. 오늘과 미래를 포기한 것이다. 협회가 미래를 포기한다는 것은 회원과 시장의 발전을 포기하는 것이다. 과거 20여 년 동안, 방만한 부실경영이 주는 교훈은 명쾌하다. 건실한 재정을 유지하기 위한 예·결산에 변화가 있어야 한다. 목적사업에 충실한 목표를 달성하기 위한 예산철학이 있어야 한다. 그리고 예·결산의 공개와 정직성, 예산의 집행과정이 고스란히 보이는 투명성, 직원의 사명감이 제고되는 예산관리시스템을 갖추어야 한다. 이러한 변화의 필요성을 절감하기까지 너무 긴 시간을 낭비한 현실에 절치부심해야 할 것이다.

5

‘우린 못 한다’고 포기하면
진짜 못 한다

‘새로운 협회’를 만들려면 처음부터 성공에 대한 확신으로 시작해야 한다. ‘우리는 할 수 있다’는 신념과 성취해 낼 수 있다는 확신을 가지고 도전하는 용기가 있어야 한다. 지금까지도 아무런 변화를 못 했는데? 현 체제도 이끌지 못 하면서 ‘새로운 협회’를 만든다는 것이 가당키나 한 것인가? 하는 못난 생각이나 두려움으로는 아무것도 할 수 없다. 현대 정주영 회장의 질문처럼 “해보기나 했어?” 하고 우리 스스로 자신의 열정에 물어보아야 한다. 일단 해보자는 도전정신이 스스로 발휘돼야 한다. 그리고 실패하더라도 성공할 수 있을 때까지 도전하는 끈기와 열정을 가져야 한다. 소기의 목적을 이룰 때까지, 방법을 찾을 때까지, 치열한 학습과 궁리, 그리고 끝없는 도전으로 성취해내는 지혜로운 리더십이 필요하다.

세상의 위대한 기업이나 조직들이 처음부터 위대하거나 견실한 조직은 아니었다. 삼성전자를 살펴보자! 30년 전만 해도 삼성전자는 세계에 명함도 못 내밀었고, 국내서 조차 금성(엘지) 전자에게도 치어버리는 아주 허약한 신생기업이었다. 그러나 30년이 지난 오늘날의 삼성전자는 세계에서 자타가 공인하는 첫째 전자 기업으로 우뚝 섰다. 30년 동안의 성공을 향한 치열한 욕망과 '세계 일류'를 향한 목표에 매진한 성과가 '세계 일류 기업'으로 만들어 낸 것이다. 솔직히 30년 전에 삼성전자를 보면서 30년 후 세계 일류 기업이 될 것이라고 상상한 사람들은 아무도 없었을 것이다. 그러나 삼성의 리더십과 삼성의 임직원들은 이를 믿었다. "우리는 세계 최고의 일류 기업이 될 수 있다."는 꿈과 필승의 도전이었다. 삼성의 임직원들이 한마음으로 뭉쳐 '할 수 있다'는 신념과 열정으로 얻어낸 경이로운 성공이다.

시방 회원과 회직자, 협회에 가장 필요한 것도 '우리도 해낼 수 있다'는 자신감의 충전과 뜨거운 열정이다. 우리도 아주 작은 일부터 시작하고 성공하면서 자신감을 쌓아나가야 한다. 우선 회원과의 약속을 지키는 일이다. 정관과 규정을 준수하고, 정직하고 투명하게 처리해 나가는 진솔한 모습을 보여줘야 한다. 회원의 신뢰를 얻기 위해서는 이보다 더 좋은 방법은 없을 것이다. 이런 변화가 회원을 변하게 만든다. 믿고, 충성하며 함께 도전할 수 있는 열성 회원으로 바꿔주는 것이다. 회원의 신뢰가 회원사회로 확산되면서 전 회원이 하나로 되고, "그래, 우리도 해낼 수 있다."는 자신감과 믿음으로 뭉친 강력한 조직으로 변하게 만든다.

6

변화가 없는 조직은
망한다

회원이 힘들고 협회가 혼돈을 거듭할 때는 많은 이유가 있겠지만, 그 원인으로 두 가지를 꼽아 볼 수 있다. 첫째, 협회 정책과 회원에게 제공하는 서비스가 질적, 양적으로 부족하거나 현실에 적합하지 못해서 회원이 받아들이지 못하는 경우다. 서비스 자체가 부실한 것이다. 둘째, 회원이 바라는 서비스 수준이나 욕구나 너무 높거나 앞서나가, 협회의 서비스 수준과 역량이 그 욕구를 채워주지 못 하는 경우다. 시대의 흐름이 빠르게 흐를수록 협회는 회원의 욕구에 기민해져야 한다. 회원의 욕구가 높아질수록 서비스의 질적 수준은 물론 전문성과 신속성까지 갖추어야 현상을 유지할 수 있게 될 것이다. 협회가 회원의 욕구와 시각을 한 발 더 앞서야 한다. 회원 서비스에 진부한 지식과 정보를 담아서는 망신당하기 십상이다.

이처럼 빠른 변화 속에 살아가는 회원에게 주어진 상황은 생존과 번영이다. 생존과 번영을 위해서 회원은 협회를 중심으로 뭉쳐서 회원공통의 변화를 이끌 수 있는 힘을 만들어야 한다. 무엇을 어떻게 해야만 우리가 살아남아 번영을 구가할 수 있을 것인가? 답은 하나다. 회원과 협회가 나날이 새로움을 취하는 진취적 변화가 유일한 생존과 번영의 지름길이다.

변화를 포기하는 순간 그 조직과 구성원은 자연히 나태해지기 마련이다. 자고 나면 변하는 시대다. 스스로 세상의 변화를 이해하고 수용하며 앞서 나가야 한다. 따라잡지 못 하는 개인이나 조직은 살아가기가 점점 팍팍한 것이다. 예를 들어, 협회가 일 년 전과 똑같은 지식 서비스를 반복해 회원에게 제공하는 순간, 회원은 무시하고 경멸할 것이다. 이런 수모를 당하기 전에 회원에게 필요한 지식, 교육을 연구·개발해 유익한 서비스를 제공하는 역량을 갖춰야만 하는 것이다. 회원의 성장에 전념하는 '새로운 협회'를 만드는 역사를 이뤄야 한다.

7

비전을 향한 조직,
희망찬 조직

협회 비전은 회원의 성장과 발전에 있다. 회원 공통의 목적을 달성하기 위해 회원을 하나로 묶어내고 끈끈한 결속으로 힘을 발휘할 수 있도록 만드는 일이 중요하다. 즉, 회원통합을 이루고, 그 통합이 회원에게 꿈과 희망을 향하여 매진할 수 있는 힘의 원천이 되는 것이다.

어느 협회든 회원 개개인의 개성이 다양하고 상이하다. 개인의 성공과 발전을 향한 열정과 도전정신도 매우 치열하다. 이처럼 치열한 성취 욕구가 공생·공영을 추구하는 시장에서 거래질서나 규칙을 무시하자는 유혹에 부딪치게 된다. 나 홀로 성공에 매진하는 회원들이 많아질수록 부동산시장은 혼탁해지고 국가와 사회로부터 신뢰를 잃게 된다는 사실은 자명하다. 소수 회원의 지나친 욕망이 시장에서 회원 간의 불신과 갈등의 골을 깊게 하고 있다. 회원 통합과 공생·공영으로 이어지는 윤리와 직업인의 품위를 유지하는데 크나큰 장애물로 나타나는 것이다.

협회는 회원과 회직자의 분열과 갈등원인을 찾아 철저하게 제거해야 한다. 이해와 설득으로 화합에만 전념하여도 매우 어려운 현실이다. 지난 30여 년의 모진 역사를 단절하지 못 하고 지속적으로 반복하고 있다. 과거 어느 원로교수 한 분이 협회행사의 축사에서 "다섯 명의 교수를 끌고 가는 것보다는 돼지 다섯 마리를 끌고 가는 것이 더 쉽다."라고 말하며, 교수의 개별성을 하나로 묶어내는 어려움을 비유해 협회 분열과 갈등을 설파했다. 개성이 강한 공동체 조직에서 회원통합의 어려움을 적시한 것이다. 조직이 가장 큰 역량을 발휘할 수 있도록 만드는 방법은 하나다. 회원의 단결된 힘이 '공통의 비전'을 향해 달리도록 하는 일이다.

8

—

비전을 제시하고
솔선수범해야

꿈과 희망을 가진 회원들은 확고한 비전을 가지고 분명한 목표를 향하여 도전한다. 실패하면 다시 일어나며 성공할 때까지 도전할 수 있는 불굴의 정신을 갖춘 의지의 사람들이다. 누구의 도움이 없어도 스스로 동료의 신뢰를 획득하고 화합해 나간다. 성공의 지름길이다. 이런 진취적 회원정신이 시장에 활력소를 제공한다. 협회는 원대한 감동으로 이어지는 '비전'을 제시하고 앞장서서 도전하는 모습으로 회원의 마음을 얻고, 통합을 이루어내야 한다.

회원의 비전과 협회의 비전이 일치하는 '공통의 비전'으로 목표에 도전하는 것이 바람직하다. 공통의 비전은 모든 구성원을 혼연일체로 묶어내, 강력한 추진력을 발휘하는 마력을 가지고 있다. 협회와 비전을 공유한 회원은 혼신의 힘을 다해 참여하고, 회원 사회에 청량한 활력소가 되어준다. 비전이 분명한 조직은 우수하고 야망에 찬 인재들이 모이고 더욱 성장을 추구한다. 비전에 도전하는 과정에 직접 참여하고 그 성공의 역사에 기록되고 싶은 욕망을 가진 사람들이 모여들게 된다. 그들은 비전을 성취하기 위해 무엇이 문제인지, 문제를 해결할 방법은 무엇인지 스스로 학습하고 연구하며 앞장서서 나가는 첨병이 될 것이다.

비전을 제시하는 것과 그것을 회원의 비전과 공통된 협회의 비전으로 만드는 것이 결코 쉬운 일은 아니다. 아직도 우리 협회는 뚜렷한 비전을 제시하지 못 하고 있다. 더구나 회원이 참여할 수 있는 공통의 비전을 만드는 일은 생각조차 못 하고 있는 것 같다. 협회는 회원들이 '꿈과 희망'을 품고 도전할 수 있는 담대한 공통의 비전을 만들어내야 한다.

오늘 당장 시장이 어렵고 1~2년 후는 물론이고, 5년 후 시장이 어떻게 변할지도 예측조차 할 수 없는 현실이다. 비전도 없이 의욕적으로 일할 수 있는 회원, 회직자가 과연 얼마나 되겠는가? 협회는 시장의 미래에 대한 비전으로 "5년 후, 또는 10년 후 부동산시장은 이러이러한 변화로 전문시장으로 바꾸자."라고 밝힐 수 있어야 한다. 협회는 전 회원과 회직자가 동의하고 공감하며 도전할 수 있는 담대한 비전을, 회원과 함께 만들어낼 책임이 있다.

9

———

비전 수립과정에 회원의 비전을 담아내야

협회 비전을 수립하는 일은 지도자 혼자의 생각이나 철학만으로 만들어서는 부족하다. 부동산시장에서 주체인 회원의 생각이 담아지고 숙성되어, 공통의 비전이 수립되는 과정이 필요하다. 회원 스스로 참여한 비전을 위해서는 어떤 어려움도 흔쾌히 극복하며 함께 나갈 것이다.

비전에 회원의 생각을 담아내고 공유하기 위해서는 아무런 제약과 조건 없이 자유로운 소통의 장을 만들어줘야 한다. 회원들은 시장의 현실과 미래를 이야기하며 회원과 시장이 나갈 길을 담아낸다. 부동산시장이 어디로 가고 있는지, 회원이 무엇을 해야 하는지, 다양한 생각과 아이디어를 나누고 정리한다. 비전을 성취하고자 하는 회원의 열망과 결의가 하나로 모아지는 것이다. 그 힘은 가늠할 수 없을 강력한 힘으로 미래를 밝히는 동력이 될 것이다.

비전이 수립되고 회원이 공유하게 되면 회원과 협회는 부동산시장의 현실을 냉철히 살펴봐야 한다. 무엇을 위하여, 어디로 가고, 어떻게 해야 할 것인지 생각하며 비전을 이루기 위한 정책 구현에 역량을 다해야 한다. 협회의 노력만으로 비전을 성취할 수는 없다. 회원의 꿈과 희망을 담은 무한한 열정을 협회로 모아줄 때 비전을 실현할 가능성이 더욱 높아진다.

10

'새로운 협회'에
희망이 있다

'새로운 협회' 건설의 목표는 협회의 목적과 비전을 실현하기 위해서 필요한 기능과 역량을 갖추는데 있다. 회원을 돕는 협회, 국가와 사회에 유익한 협회다. 이는 회장의 철학과 가치관으로 협회가 추구할 비전을 설정하고 대차게 추진해 나갈 때 이루어질 수 있는 일이다. 내·외부의 회직자나 직원은 물론 이해집단의 소소한 이해관계에 휘둘려서는 무조건 실패하게 된다. 또한 협회 역량을 회원의 입지나 경쟁력에만 너무 치중하다보면 국민의 입지(소비자 보호)와 공익성이 소홀해지게 된다. 이로 인해 역풍을 불러올 수도 있다는 점을 우린 염두에 두어야 한다. 국가와 국민 속의 부동산시장이라는 점을 항상 잊지 말아야 할 것이다.

우선 협회의 모든 이해관계자 입지가 균형을 이뤄야 한다. 이를 위해 '새로운 협회'는 대외적으로는 공익성과 공정성을 갖추고, 내부적 혁신은 '투명성'과 '책임감'이 자리 잡도록 설계되어야 한다. 이해관계자들의 사사로움이나 일방적 주장은 철저히 배제되어야 한다. 설계과정에서부터 공익성과 합리성, 투명성과 책임감이 생동하는 협회로 만들어지도록 준비해야 한다. 모든 회직자와 사무처도 이러한 변혁적 변화를 적극 수용해 하나의 길로 달려야 한다.

'새로운 협회' 건설 목표는 협회의 제도와 시스템 재정비로 부동산 정책과 시장 환경에 효율적 역량을 발휘할 수 있는 힘을 갖추는 데 있어야 한다. 일부 회원과 회직자는 협회의 제도와 시스템 보다는 외부의 힘에서 답을 찾으려 한다. 그러나 협회가 강한 경쟁력을 갖추기 위해서는 내·외부 환경 모두를 최적화시켜 자생력을 갖춰야 한다. 그러기 위해선 무엇보다도 내부제도와 시스템 그리고 조직문화가 건실해야 '외부환경을 최적화 시킬 수 있는 힘'을 갖추게 된다는 현실을 주목해야만 한다.

문제는 "언제까지 무력한 현실을 바라만 보고 있을 것이냐?"는 질문에 회장과 사무처, 그리고 회직자들은 답할 수 있어야 한다. 10년이면 강산이 변한다고 한다. 우리는 30년 전에 만들어진 제도와 시스템조차 수차례 변질시키면서 퇴보하거나 악화시켜 왔다. 촌각으로 변하는 시대에 적응도 못하면서 '회원관리'라는 단순 목표조차 달성하지 못하는 무력한 상황에 이른 것이다. 우리는 지금 시대상황에 전혀 맞지 않는 제도와 시스템을 유지하고 있다. 내부분쟁과 무능한 협회로 30년을 잃어버린 원인의 진짜 이유가 여기에 있다. 지난 30년, 우리는 "회원과 시장의 발전을 위해 아무런 고민도 준비도 하지 않았다."라는 지탄을 부인할 수조차 없다.

　이제라도 회원과 시장을 위한 변혁의 새판을 짜야한다. 헌집을 과감히 헐어내고 새집을 지어야 한다. 제도와 시스템을 새로이 설계하고 '회원을 돕는 새로운 협회'를 건설해야 한다. 이는 권력구조의 합리성과 윤리경영을 바탕으로 부정부패를 일소하고, 합리적·체계적인 조직화로 회원과 시장을 위해 도전하고 성취하는 역량을 보여줄 수 있는 협회를 만드는 일이다. '새로운 협회'의 목표인 '회원을 돕는 협회, 시장을 육성하는 협회'의 기능을 발휘하는 '강력한 협회'를 건설하는 일에 우리는 한마음으로 모든 에너지와 자원을 집중 투입해야 한다. 동시에 국가경제에 기여하며 사회적 책무와 공익성을 추구해 나가야한다. 그 길이 회원이 부동산시장 전문인으로 성장할 수 있는 사회적 환경을 조성하는 데도 기여하는 것이다.

　협회는 부동산정책 연구개발의 역량강화로 정부 부동산정책에 동반자적 입지를 구축하고, 부동산정책 방향에 바른 길로 물꼬를 터주는 지혜로운 힘을 갖추어야 할 것이다. 대외적으로는 깨끗하고 강력한 단체로 꼽힐 수 있도록 공익성과 투명성으로 윤리경영체제를 갖춰야 한다. 이것이 회원의 마음을 얻는 지름길이면서 최상의 내부경쟁력을 갖추는 유일한 길이라고 말 할 수 있다. 그 길이 국가와 사회 그리고 회원이 가야할 방향이다. 이러한 변화를 이루는 길은 우리가 아무리 고통스러워도 '변혁적 변화'에 도전해야만 가능한 일이다.

협회 역량과 가치관

약속은 지켜지고, 실천되어야 한다. 가장 어려운 일이 집권자가 혁신에 대한 공약을 지키는 일인 것 같다. 세 가지 경우로 볼 수 있다. 할 수 있는데 실천하지 않는 경우, 실천의 의지는 있는데 방향이나방법을 모르는 경우를 꼽아볼 수 있다. 또 다른 이유로는 준비된 사람이라도 조직의 실력이 감당하지 못 하는 경우는 성공할 수 없다. 집권자의 비전과 열정, 그리고 정책을 달성할 수 있는 역량을 갖춘 조직이 있어야 가능한 것이다. 우선 협회의 목적과 사명에 충실한 정책과 구체적인 실현방안을 찾아내야 할 것이다. 혁신의 문제도 답도 거기에서 만들어진다. 말로만 혁신을 부르짖고, 행동은 과거에 실패한 방법을 반복하거나 흉내나 내서는 아무것도 이룰 수가 없다. 구태를 반복해서는 회원과 시장 문제를 해결하는 진취적인 변화를 이루는 것이 불가능하다. 실패를 위해 달려가는 것이다. 혁신의 과업은 이뤄내야만 한다. 원대한 목표를 현실로 이뤄내기 위해서는 어떤 환경, 어떤 위기나 난관도 극복하며 목표를 달성할 수 있는 '유능한 협회'를 만드는 것이 실현되어야 한다.

1

모르는 일은 할 수가 없다.
뜨거운 열정보다도, 아는 것이 우선이다

협회의 혁신에 관해 훌륭한 생각과 열정을 가진 회원들은 매우 많다. 그러나 그 훌륭한 생각을 현실로 이루어 성공으로 연결시킬 수 있는 구체적 방안을 가진 사람은 매우 드물다. 이것이 바로 문제 해결의 출발점이 될 수도 있다. 단순히 이상과 방법을 생각하는 것도 쉽지 않은 일이지만, 그것을 정책으로 만들어 목표를 달성하는 일은 매우 어렵고 힘든 일이다.

무슨 일이든 말로는 누구든, 무엇이든 잘할 수 있다. 그러나 현실에 부딪혀 문제를 해결하는 데는 관련된 지식과 경험, 그리고 숙련된 능력이 필요한 것이다. 우선 당면한 문제의 핵심을 찾아낼 수 있는가? 그 핵심에 대한 치열한 학습과 궁리는 있었는가? 핵심을 해결할 방안은 마련할 수 있는가? 실전에 도전해 승리하거나 실패한 경험은 있었는가? 등 문제 해결에 관련된 다양한 질문이나 기준으로 '실질적 역량'을 가늠해 볼 수가 있을 것이다. 이러한 역량을 모두 갖춘 사람과 일부만 갖춘 사람, 또는 전혀 갖추지 못한 사람의 경우로 나누어서 생각해 보면, 회직자 선택의 기준이 아주 분명하고 쉽게 이해할 수 있게 될 것이다.

이처럼 실행역량에 다양한 기준들이 준비되지 않았고 숙련된 능력이 없는 사람이 조직 선두에 나서 지휘하기 시작하는 순간, 그 조직은 혼돈에 빠져들거나 신속히 무너지게 되어있다. 정예 병력도 오합지졸로 바꾸어 버린다. 그 사례는 우리 역사에서도 찾아볼 수 있을 것이다.

전투에서 선두지휘자는 전방의 장애물이나 위험 상황을 가장 먼저 발견하게 된다. 지휘자가 장애물이나 위험이 두려워 전투를 포기하거나, 신속히 대처하지 못 하고 망설인다면, 적에게는 '맛있는 먹잇감'으로 진상하는 것이다. 전방이 무너지면 후방에도 상당한 영향을 미친다. 지휘자가 이런 황당한 상황을 진정으로 두려워해야 할 이유는 자신만 죽는 일이 아니기 때문이다. 자신을 따르는 조직 구성원과 그 가족 모두를 억울한 죽음의 길로 몰아치는 것이다. 참으로 두려운 일이 아닌가. 2014년 4월 국민을 경악케 한 세월호의 참극에서 보여준 선장의 자질과 리더십을 살펴보고, 그 결과가 남긴 교훈을 우린 천착해봐야 한다.

똑똑하고 학력·경력이 좋은 것과 혁신을 이뤄내는 역량과는 전혀 다른 문제다. 확고한 비전과 열정이 없다면, 혁신의 방향과 통찰력이 없다면, 해결 방법을 찾아낼 지식과 경륜이 없다면, 진정한 변화를 이루기는 불가능한 것이다. 개혁은 이미 겉으로 드러난 문제, 회원과 회직자 모두 다 아는 고질적 문제의 근원을 찾아 해결하는 데서 시작하여야 한다. 그동안 해결하지 못한 과제들과 숙원사업의 문제는 그 원인이 이미 다 드러나 있는데도 해결하지 못 하는 것이 우리의 현실이다. 바로 이런 연유로 무능하고 역량이 없다는 비판과 질책이 나타나는 것이다. 겉으로 드러나 핵심을 보여주는 문제조차도 그 뿌리를 찾아 제거하지 못 하는 것이다. 정상적인 조직에서 보여줄 수 있는 현상은 아니다. 보이는 문제조차 해결하지 못 하는 조직이 보이지 않는 부분의 문제를 찾아서 해결한다는 것은 상상조차 할 수 없는 일이 아닌가? 조직의 역량과 수준을 살펴보아야 한다. 그러나 문제를 알아도 그 문제를 해결할 방법을 모르거나, 조직역량이 따르지 못 하면 아무런 소용이 없다.

협회라는 항공모함은 내부의 정치 놀음, 권위 놀음, 패거리 놀음에 휘둘려서 망가진 채 항구에 멈춘 세월이 30년이다. 단 한 번도 사명을 이루기 위한 목표를 향하여 거친 바다로 항해를 해보지도 못하였다. 이제 엔진도 망가지고 연료조차 사라진 고철덩어리에 불과하다.

이런 고철덩어리로 남극도 가고, 북극도 갈 수 있다고 주장하는 사람들이 제정신일까? 시방 항공모함에 필요한 것은 항해를 지휘할 선장이나 항해사가 아니다. 항공모함이 정상으로 작동하도록 고칠 수 있는 기술과 비전까지 갖춘 선장이 필요한 것이다. 선박에 관한 해박한 지식과 기술로 "어떤 항공모함으로 만들 것인가?"에 답하고 미래를 준비할 수 있는 방향과 지혜를 제시할 수 있어야 한다. 어려운 일이다. 아무나 달려들어 할 수 있는 일은 아니다.

이런 과정은 단순 정비라기보다는 '최첨단 기능'을 갖춘 '새로운 항공모함'으로 바꾸는 변혁의 기회로 활용해야 한다. 모든 기능과 역량을 조사·점검·검토·연구하여 제 기능과 기동성이 시대의 한계를 뛰어넘는 탁월함을 선택해야 한다. 최신 정보시스템을 갖추고 최신예 스텔스 전투기 같은 첨단 무기를 탑재해 전투 능력을 강화하는 것이다. 목표를 정하면 거침없이 도전하고 승리할 수 있는 항공모함을 만들어야 한다. 이처럼 전투수행에 정확성과 신속성을 강화하여 최첨단 항공모함으로 만드는 일이 어렵거나 불가능한 일은 결코 아니다. 우리가 마음만 먹으면 틀림없이 해낼 수 있는 일이다. 아직도 우리가 고철덩어리 곁에서 분노하고 실의에 빠져 있는 것은 재정비 역량을 갖춘 선장을 만들어내지 못 했기 때문이다.

2

———

선거제도와
관리의 공정성

우리 협회는 역대에 아홉 분의 회장을 선출했으나, '지도자'로 존경하고 추앙받는 회장을 모시지 못 하고 있다. 매우 안타까운 일이다. 그 원인으로 회장이 훌륭히 일 할 수 있도록 도와주지 못한 부분도 있을 것이고, 제도와 시스템의 불합리에 기인한 것도 있을 것이고, 선거에서 공정할 수 없는 낡은 제도와 문화에 있을 수도 있을 것이다. 또한, 회원사회에 존중하려는 마음의 준비가 없어서 훌륭한 회장이 계셔도 존중하지도 못 하는 우리의 어리석음일 수도 있다. 제도와 시스템의 문제는 다시 논하기로 하고 낡은 선거제도와 문화를 살펴보자!

지속적인 협회 내분의 근원은 선거제도와 부실한 선거관리에서 시작되었다 하여도 과언은 아닐 것이다. 특히, 선거관리지침과 선거관리위원회의 상황에 따른 운영의 폐해에서 많은 문제점이 드러나 있다.

첫째, 선거관리지침의 월권과 폐해다. 선거의 공정성, 형평성, 부정의 문제는 '선거관리규정'에서 분명하게 정해야 한다. 선거권과 피선거권에 관한 사항, 선거 운동원의 구성과 자격, 제약 사항 등 선거에서 영향력을 미치는 민감한 부분을 선거관리지침으로 정하도록 하는 것은 이미 불공정이 시작되는 것이다. 선거관리지침은 '선거관리 규정'을 준수하기 위한 실무를 조치하는 수준으로 제한해야만 공정한 선거가 이뤄질 수 있다. 선거관리위원회가 '선거관리규정'에서 정할 내용까지 결정하는 '상황에 따른 불공정한 관리'를 해서는 안 된다. 이 부분 '선거관리규정' 부실에서 나타나는 것으로 협회는 신속히 바로잡아야 할 것이다.

다음으로는 유권자가 후보자를 알 수 있는 방법도 제한되고, 후보자는 유권자에게 자신의 비전과 인품을 보여줄 기회도 제약을 받는다. 유권자가 후보자 인품이나 역량의 실체를 접할 수 있는 기회가 거의 없다. 이력서와 소견서, 공약이 담긴 홍보물이 전부다. 후보자 공약은 그 내용이 비슷하여 홍보물로 바른 선택을 할 수 있다는 것은 너무나 어려운 일이다.

이런 현실은 조직선거, 지역선거, 인맥선거 등 불합리한 선거방식을 유도하고 있다. 사실상 유권자 대부분이 후보자 됨됨이에 대해서는 전혀 모른다. 선거에 참여하고 투표하는 회원의 선택조차 자신이 결정한 것이 아닌 경우가 많다. 회원의 입장에서는 어쩔 수가 없다. 투표를 해야겠는데 후보자를 모른다. '누구를 찍어야 잘하는 것일까? 그 사람이 협회에 도움이 될까?' 궁금하다. 결국, 주변 사람, 특히 회직자에게 물어서 투표하거나, 지역에서 흐르는 여론, 즉 '누가 되어야 한다'는 말에 따라 투표하게 된다. 누구도 탓할 수 없는 답답한 현실이다.

협회가 훌륭한 회직자를 선출할 수 있도록 공정한 선거를 치르기 위해, 위에서 적시한 문제들을 깊이 검토하고 공정하고 깨끗한 선거가 이루어질 수 있는 제도를 만들어야 할 것이다. 지난 10대 조직장 선거 등에서 나타난 소송결과와 부정·불법선거 사례의 자료를 모아 정리· 분석하고 다음 선거에서는 또다시 문제가 불거지지 않도록 해야 할 것이다. 공정하고 투명한 선거로 선거 후에 승자와 패자가 손잡고 일 할 수 있는 건강한 협회로 만들어야 한다. 민주주의 가장 중요한 제도의 하나가 바로 지도자 선출에 관한 선거의 공정성과 투명성이다.

리더십의 문제다. 지식과 경륜, 지혜 그 어느 것도 준비가 안 된 사람이, 스스로도 선장감이 아닌 줄 알면서도 선장의 명예와 그 자리에 대한 탐욕에 빠져,"자신이 다 해낼 수 있다. 준비가 되어 있다."고 회원을 속이고 자리에 오를 수도 있다. 또한, 준비가 안 된 사람이 문제의 본질조차 모르거나 알고는 있지만, 그 해결 방법을 몰라 주변 사람이나 직원의 식견에 의지하는 경우가 있다는 이야기도 흘러 다닌다. 스스로 문제를 통찰할 능력도 없고, 협회에 관한 철학도 없고, 핵심도 찾아내지 못 하는 사람이 무엇을 얼마나 해결해 낼 수가 있을까?

우리 생각해 보자! 비전도 신념도 없이, 책임은 남에 전가하는 사람을 대표로 채용할 기업이나 단체가 있을까? 그러나 우리 협회처럼 선출직에서는 그것이 가능하다. 이것이 민주주의 선거제도에서 나타나는 가장 큰 병폐의 하나다. 후보자를 검증하기가 매우 어렵기 때문이다.

후보자 이력서의 '학력과 사회경력'이 지도자 역량을 가늠하는 기준으로 삼을 수는 없다. 오히려 협회에 대한 비전, 가치관, 인품, 그리고 회직자 실무와 경륜이 후보자 선택의 기준이 되어야 할 것이다. 후보자의 이런 부분을 유권자가 하루아침에 알 수가 없다. 단체마다 다르지만, 선거제도가 잘 정비된 단체와 그렇지 못한 단체의 현실은 매우 큰 차이로 나타난다.

3

도전하고 성취하는
지도자

위인과 성공한 사람들의 삶을 통하여 얻을 수 있는 교훈은 하나로 모아질 수 있다. '큰 뜻을 품고 뜻을 이루기 위해 자신을 갈고 닦으며 오직 한 길로 정진한 것'이다. 우리 주변에도 이런 분들과 비슷한 삶을 사는 사람들이 매우 많다. 자신이 맡은 일에는 어떤 난관도 극복하며 책임지고 완수하는 것을 삶의 덕목으로 삼아 지켜나가는 사람들이 있다. 아무리 훌륭한 생각도 노력과 실천 없이 저절로 이루어지는 일은 없다. 자기 생각을 실현하여 사회나 조직에 변화를 주기 위한 일념으로 일하는 사람, 모두가 피하고 두려워하는 일도 사회와 조직에 필요하다면 앞장서는 사람, 기꺼이 도전하고 목표를 달성하는 사람이 '진정한 리더'다.

변화를 추구하는 과정에는 항시 어려움과 위험이 따른다. 모두가 원하는 변화를 이루는 길은 힘들다. 이제껏 하지 않았던 새로운 방법으로 도전을 해야 성공의 열매를 얻을 수 있다. 실패와 시행착오에서 나타나는 내부의 부작용들도 냉정히 극복해 가면서 도전하는 끈기가 필요하다. 조직에 진정으로 필요한 인재는 생각하는 사람, 행동하는 사람, 책임지는 사람, 그리고 목표 달성을 위해서는 어떤 위험에도 과감히 도전할 수 있는 용기 있는 사람이다.

국가나 단체도 태평성대는 지도자 자질이 부족하든 소소한 잘못을 하든 그리 큰 문제가 되지 않는다. 평온함에 옳고 그름이나 역량이 가려져서 보이지 않는 것이다. 그러나 조직이 큰 사건이나 위기에 처하게 되면 리더십에 대한 무관심은 멀리 사라지게 된다. 협회의 모든 시선은 지도자의 말, 표정, 태도까지 주시하게 만든다. 인품과 역량이 고스란히 보이게 된다. 길을 뚫어야 할 사람, 장벽을 넘을 사람, 승리를 이끌어낼 사람이 바로 '지도자'이기 때문이다.

4

인재육성과
교육·실무

위기에 처하거나 어려운 상황일수록 현실을 타개하고 미래를 개척할 수 있는 유능한 인재가 필요하다. 지도자가 아무리 옳은 길, 훌륭한 정책을 추진하려 해도, 그를 따르고 지원해줄 수 있는 '유능한 인재'가 없이 정책을 실현해 내기는 어려워진다. 지도자가 방향을 제시하면 즉시 그 목표를 달성하기 위해 언제 무엇을 어떻게 할 것인지, 인력·재정·전략은 어떻게 세워야 할 것인지, 구체적으로 실현 방안을 제시하고 실천할 수 있는 인재가 필요한 것이다.

그러나 유능한 인재를 구하고 육성하기가 그리 쉬운 일은 아니다. 유능한 인재를 보유하기 위해서 내부적으로 우수한 교육 제도와 프로그램을 갖추어 활용해야 한다. 인재를 외부에서 영입할 수도 있지만, 내부에서 조직문화를 바탕으로 성장한 사람을 전략적 학습과 훈련으로 인재로 육성해야 한다. 기업의 인재사관학교로 꼽히는 삼성이나 GE 사례를 통하여 훌륭한 인재육성 프로그램을 연구해 우리 프로그램으로 개조해 활용하는 것도 생각해 볼 수 있다.

　일반적으로 과제가 주어졌을 때, 지시하는 것을 실행하는 단순한 일은 아무나 할 수 있다. 구태여 훌륭한 인재를 구하거나 육성할 필요조차 없다. 그러나 보이는 문제의 해결이 아닌 새로운 영역을 찾아 도전하는 일은 아무나 할 수가 없다. 실전에 직접 부딪치고 고민하고 학습하며 해결해나갈 수 있는 사람, 도전의 의미를 알고 그 결과의 성패에 따른 환희와 고통을 느껴본 사람만이 할 수 있다. 실무에서 체험으로 얻은 노하우(암묵지)와 경륜이 고유한 비장의 무기가 된다.

　이런 인재는 모두가 두려워하는 어렵고 위험한 일에도 거침없이 도전하고 해결해내는 재주를 발휘하게 된다. 늘 새로운 지식을 학습하고 궁리하며 활용한다. 이렇게 얻은 지식과 통찰력, 문제해결의 노하우가 용단을 내릴 수 있는 자신감으로 이어지는 것이다. 문제를 알아야 답을 얻을 수 있다. 모르는 문제는 풀 수가 없다. 문제의 본질을 모르면서 결단을 내리는 것은 결단이 아니다. 그 조직과 구성원들의 삶을 망가트리는 용서받지 못할 만용이다.

5

현실 극복의 기회는
부국강병(富國强兵)에 있다

부동산시장의 위기는 내부적 변수도 있지만, 외부적 변수가 항상 큰 문제다. 회원들이 분노하는 '시장 제도'가 철옹성이다. 부동산제도에서 나타나는 문제를 해결하는 일이 가장 어려운 과업이다. 협회가 부동산시장의 주체가 되기 위해서는 우선, 정책이슈를 선점하고 활용할 수 있는 다각적 재능과 역량을 갖춰야 한다. 그 둘로는 부동산시장이 '소비자 보호'를 중심 기능으로 작동하도록 만드는 변화다. 그 셋으로 정부의 부동산정책 목표에 적극 부응하며 동반자의 관계로 만들어가는 과제다. 간단해 보이면서 그 내면을 살펴보면 매우 민감하고 복잡한 방정식을 풀어내는 것처럼 어려운 일이다. 여기서 소비자 중심의 '소비자 보호' 정책은 소비자 단체를 중심으로 '새로운 시장질서'를 구축하는 계기를 만들게 될 것이라 믿어진다. 우리가 신뢰할 수 있는 믿음이다. 소비자 중심의 새로운 시장 질서를 만드는 과업이다. 자연스럽게 소비자와 사회단체가 정책과 질서를 바로잡자는 시민운동으로 지원에 나설 수도 있다. 이런 변화는 부동산시장을 바라보는 국가·사회의 시각도 바꾸어 줄 것이다.

사실 국가가 부동산시장 전문인으로 '공인중개사'를 배출하고, 30년이 지나는 동안 '공인중개사'에게 건전한 전문직업인의 시장으로 조성하려는 의지나 노력은 찾아볼 수 없었다. 또한, 부동산시장에서 국민의 재산권, 즉 '소비자 보호'라는 정부의 의무를 이행하기 위해서 시장거래질서 확립을 위한 정책이나 노력도 찾아볼 수가 없었다. 이것이 정부 당국의 부동산 정책과 시장질서 규율에 실패하는 원인을 쉽게 설명하고 있다. 전문인을 배출하고 내팽개친 것 같은 치욕스런 현실은 우리에게 무엇을 말하는가? 정부 당국은 무엇을 했는가? 협회는 무엇을 했는가? 학계는 무엇을 했는가? 회원에겐 끝없는 분노와 의문만 난무하는 것이 현실이다.

협회설립이래 30여 년 만에 공인중개사법으로 개정되었다. 회원들이 모두 반기고 있다. 그러나 이제 시작이다. 이름은 공인중개사법이지만 그 내용은 중개업법의 한계를 뛰어넘지 못 했다. 더 나아가 공인중개사의 시장영역과 시장질서, 시장주체와 주도권에 관한 부분 그리고 사회적 입지는 중개업법의 한계를 넘지 못했다. 이런 현실은 정부의 정책을 바꾸거나 개선하는 문제다. 협회와 회원들의 힘으로는 매우 어려운 과제다. 그러나 방법은 찾아야 한다.

협회는 국가와 사회가 반대할 수 없는 '소비자 보호'를 위한 시장정책을 위한 장·단기 연구개발 계획을 수립하고 체계적으로 철저히 준비해야 한다. 소비자보호를 위한 제도는 시장질서 확립의 동력이다. 그 누구도 함부로 반대할 수 없는 시장의 순기능이자 부동산시장의 궁극적 목표다.

정부의 부동산시장 정책도 깊이 살펴보면 '소비자 보호'에 목표가 있다. 회원과 협회가 정성으로 이뤄내야 할 시장 목표다. 소비자 보호를 목적으로 하는 시장질서 확립을 연구하고, 그 성과를 사회적 이슈로 공론화해야 한다. 그리고 '소비자 보호'를 위한 시장을 만드는 정책을 개발하고 성공해야만 한다. 소비자 보호를 위한 정책을 실현하는 것은 큰 어려움이나 반대는 물론 장애물도 사라진 공간에서 추진할 수 있다는 이점이 있다. 정부 당국은 물론, 국민과 정치·사회가 공감하고 동의할 수밖에 없는 투명하고 공정한 시장을 만드는 과업이다. 소비자 보호를 위한 정책 제안과 입법은 큰 어려움 없이 구체화할 수 있을 것이 틀림없다.

부동산정책의 근간을 바꾸기 위해서는, 우선 협회가 시장 선진화를 위한 장·단기 비전이 수립되어야 한다. 그 비전의 핵심은 '소비자 보호'를 위한 시장 선진화다. 물론 시장혁신의 주체는 공인중개사에게 국민의 재산권 보호라는 사회적 책무를 부여한 국가다. 공인중개사의 사회적 책무인 '소비자 보호'를 국가·사회적 이슈로 공론화시키자는 것이다. 이것이 정부 당국의 시장을 바라보는 시각과 정책 방향에 근본적 변화를 이끌어 낼 수 있는 마중물이 된다. 또한 부동산시장의 불법·부정거래를 차단할 수 있는 효율적인 방향도 보여주고 있다.

부동산시장 문제를 공인중개사, 소비자 보호, 부동산거래질서라는 세 가지 요소를 중심으로 시장 선진화의 방안을 연구하고, 공인중개사 중심의 '소비자 보호'와 시장 질서를 구축하는 방향과 그 비전을 국가와 사회에 제시할 수 있어야 한다. 정부 당국의 부동산시장정책의 근본적 시각과 그 방향을 바꿔보자는 우리의 당찬 야심이다. 모든 사물은 보는 방향에 따라서 달라진다. 정부정책의 목표와 생각, 그리고 바라보는 시각에 파격적인 변화를 주는 길이다.

협회가 '소비자 보호'를 위한 시장 선진화를 이뤄내는 데 있어 전력을 다하여 적극적으로 추진하고 이뤄내야만 한다. '소비자 보호'를 위한 시장질서의 구축에 정부 당국도 선뜻 이론을 제기하기가 매우 어려울 것이다. 협회는 언론과 소비자 단체, 그리고 국민이 공감하고 동의할 수 있는 공정하고 합리적인 방안을 제시해야 한다. 협회의 비전을 사회적 비전으로 승화시키면서, 사회적·정치적 합의와 공감을 얻어 시장 목표를 달성해 내자는 야심이다.

부국강병(富國强兵)에 이르는 길

그동안 회원을 힘들게 했던 부동산시장의 제도적 한계를 극복하기 위해, 협회는 정부나 정치권이 해결해주길 기다리거나 무작정 요구만 해왔다. 지난 30여 년간 시장제도 개선에 실패한 원인은 바로 우리가 정부나 정치권의 힘에만 의지한 변화를 추구한 데 있어 보인다.

우리가 원하는 것을 우리의 능력으로 얻을 수 있는 힘을 갖추고 스스로 도전하는 것이 우선이다. 우리가 바라는 것을 이루기 위한 목표를 세우고 도전하는 당당한 자세다. 국가가 주도하는 부동산 제도와 정책에서 회원과 시장이 바라는 방향으로 변화를 이루자는 목적을 달성하기를 원한다면, 협회가 부국강병(富國强兵) 정책을 성공적으로 이뤄내야 한다.

첫째, 협회는 전문지식의 축적과 활용, 부동산 제도에 관한 장·단기 연구개발, 소비자 보호와 시장질서의 규율, 전문인 육성과 재원

(財源)개발, 산학협력, 국가·사회를 위한 공익활동 등 다양한 부문에서 국가와 사회에서 유익한 단체로 성장하여야 한다. 우리 스스로 훌륭한 자리매김을 하는 것이 대내외적 인정을 받는 힘이 되고 사회적 신뢰를 확산해나가는 길이다.

둘째, 다양한 교육과정과 시간과 거리 제약이 없는 24시간 교육시스템을 갖추는 일이다. 대학원 정규과정을 뛰어넘는 수준의 교육을 제공하고, 이수한 사람에게 부여하는 수료증이 부동산시장과 학계에서 존중될 수 있는 훌륭한 교육과정이어야 한다. 다양한 교육과정은 단계별로 계발하고 추진해야 하겠지만 모든 교육과정이 전문가 수준이거나, 그 이상의 심화교육과정을 지속적으로 개발하고 회원에게 학습기회를 지원해야 한다. 시장에서 필요한 전문지식은 물론 인문학 등 다양한 학습 과정으로 자아개발의 기회를 지속적으로 지원해야 한다.

셋째, 회원이 유익한 정보와 지식을 실시간 교환할 수 있는 '실무지식 시장'을 만들어 지식과 경험을 공유하고 교환하는 공간이 있어야 한다. 실무에서 얻어진 다양한 경험과 노하우를 나누거나 교환하는 시장이다. 회원 간의 소통으로 화합을 이루면서 공동체의 연대의식과 신뢰를 구축하는 공간으로 숙성될 수도 있다. 실무에서 경험으로 쌓여진 지식들, 현장에서 나타난 문제를 해결한 생생한 지식들이다. 사전식 또는 문답식 등으로 정리하여 손쉽게 찾아보고 활용할 수 있도록 하여야 할 것이다. 이는 지속적 노력과 재정이 지원돼야 한다.

여기서 유의할 점은 지식을 제공하는 사람이 노하우를 제공할 수 있는 동기를 부여해줘야 한다. 수혜자가 작은(?) 대가를 지불하는 방식도 있다. 이러한 교육과 정보교류 외에도 회원이 필요로 하는 일을 항시 지원할 수 있는 시스템을 갖춰야 한다. 회원의 지식과 품위를 함양하고 경제적·사회적 기반구축과 회원서비스 기능을 협회의 주된 과업으로 삼아야 한다.

넷째, 협회의 부실한 재정구조를 청산해야 한다. 지속적 변화를 이뤄야 할 어려운 과업이다. 협회가 넉넉하고 건전하게 재정을 유지하고, 회원의 미래를 위한 건실한 재정 운용이 이뤄져야 한다. 투명성, 효율성, 건전성을 기준으로 효율적으로 관리해야 한다. 회원과 시장 발전을 위한 사업과 정책에는 전략적 투자를 언제라도 지원할 수 있는 재정적 안정이 요구된다.

지난날과 같이 단순히 현상유지와 관리행정을 위한 '회원의 관리'가 목적이 아니라 현재의 '회원관리체제'를 청산하고, '회원의 성장과 발전, 그리고 시장 선진화'라는 협회의 목적을 달성하기 위한 '회원서비스체제'로 전환하는 과정에는 필요한 재정지원이 충족돼야 한다.

다섯째, 협회에 대한 회원의 알 권리는 정관으로 보장되어야 한다.

회비납부 의무를 강제한 협회가 회원이 가져야할 기본권이자 협회의 책무다. 재정의 투명성과 정직성이 철저하게 보장되는 시스템을 구축해야 한다. 협회의 재정목표는 목적사업의 달성을 위한 과정이자 자원이다. 협회 재정운용의 목표는 회원권익과 부동산시장 발전을 위한 것이 우선 되어야 한다.

협회는 정책의 목표를 달성하기 위해 얼마나 재정을 투입하고 있는가? 재정운용의 효율성과 적합성은 어느 정도인가? 하는 질문에 답은 예산을 살펴보면 가감 없이 고스란히 나타난다.

예·결산에 관한 투명성, 효과성, 신뢰성을 이루기 위한 청사진과 로드맵을 준비하고 혁신을 이뤄내야 한다. 윤리경영 정착을 위한 제도나 시스템을 새로이 구축하고 재정 건전성을 뛰어넘어 강력한 재정적 힘을 갖추기 위한 비전이 수립되어야 한다. 협회는 재정부실과 예산편성의 비효율, 방만한 운용 등 다양한 현실적 문제를 분석하며 개선해 나가야 할 것이다.

재정개혁의 방향은 재정운영시스템의 과감한 개선을 통해 재정준칙 확립과 재정지출의 효율성 강화를 위한 재정규율을 확립해야 한다. 정책 목표와 우선순위를 확고히 정하여 재정 지출의 방향과 구조를 개선하고, 재정을 확충하는 새로운 방안을 강구해 나가야 할 것이다.

여섯째, 이러한 변화를 통해 회원을 통합시키고, 결속된 회원의 힘을 바탕으로 정부와 언론, 사회로부터 신뢰받는 협회로 바꾸는 일이다. 국가·사회에 신뢰를 구축하는 것은 국가·사회에 당당히 말할 수 있는 힘을 만든다. 이런 변화가 얻어낼 수 있는 성과로는 회원의 성장과 발전 가능성을 확장시켜 나갈 수 있다고 볼 수 있다. 이는 부동산 시장의 질서를 확립하고 소비자를 보호하는 선진시장으로의 변화를 주도할 수 있는 기회와 도전에 보이지 않는 힘으로 지원을 한다. 그리고 회원에게 미래에 대한 꿈과 이상을 이룰 수 있다는 자신감을 부여하고 용기를 주게 된다. 그 어떤 위기도 극복할 수 있다는 열정과 자신감을 심어주는 것이다.

이러한 원대한 목표를 향한 도전정신은 어디에서부터 시작되는 것일까? 그것은 협회의 원대한 비전에서 시작되고, 비전의 실현을 주도하는 지도자의 가치관과 신념, 그리고 추진력에서 그 성과의 수위와 승패가 결정된다. 협회 비전이 아무리 훌륭해도 지도자가 그 가치를 모르거나 방치하는 경우, 비전 실현을 위한 확고한 의지가 없는 경우, 비전의 달성은 바람처럼 사라진다. 협회가 도전할 목표도 사라지고 조직 구성원의 희망도 사라져 버리게 된다.

우리는 어떠한 위기나 장애물에도 불구하고, 우리의 꿈을 이뤄야 한다. 우리의 꿈과 도전이 중단되지 않고 힘차게 지속될 수 있는 시스템을 갖춘 '강력한 협회'로 만들어야 한다.

7

다양한 아이디어를
공론화하자

회직자는 훌륭한 경륜과 열정으로 참여해서 헌신적으로 활동을 한다. 그러나 내부갈등과 분열로 이어지는 상황이나 그 후유증과 스트레스에 지쳐서 떠나는 사람이 종종 있다. 협회 문제에 대해 고민하고 궁리하며 치열하게 도전하는 끈기가 없어서 나타나는 현상이다. 즉, 어렵게 고민하고 궁리하면서 고생할 이유나 의미를 찾지 못한 것이다. 손쉽게 해결할 방법이 없거나 자신의 뜻대로 되지 않는 현실을 이해할 수 없기 때문일 것이다. 한편, 다른 생각을 가진 사람들과 토론하는 것을 이전투구로 치부하고 포기하는 나약함도 있다. 회원과 협회의 미래를 위해 꼭 실현해야 할 정책이나, 개선방안을 이루기 위해서는 그들과 과감히 부딪쳐야 한다.

상대방의 의견을 존중하면서 자신의 주장을 명료하게 전달하고, 이해와 설득으로 결과를 얻을 수 있는 논쟁이라면 흔쾌히 도전해야 한다. 논쟁에 뛰어들고 분명한 자기 생각을 전달하는 것이다. 논쟁을 피하거나 침묵함으로써 나타나는 역효과를 차단하고 상대방에게 자신의 생각과 소신을 분명하게 심어주는 것이다. 또한, 논쟁의 본질에 깊은 지식과 가치관이 분명하고, 실천할 수 있는 의지를 보여주는 리더십이 상호 존중하며 예의를 갖추게 된다. 즉, 자신이 가지고 있는 지식이나 경륜을 통해 형성된 지혜로, 문제의 대안이나 해결할 수 있는 방향을 교환함으로써 가치관을 충분히 교류할 수 있게 된다. 실망스러워도 당신의 지혜와 생각을 거침없이 주장하고, 우직하고 치열하게 도전하는 모습을 보여줘야 한다. 회직을 맡았다는 것은, 공인으로서 봉사와 책무를 다하겠다는 것을 당신은 회원에게 약속한 것이다.

회의장에서 자기주장을 펼치는 것은 상대방 사람과 싸우는 것이 결코 아니다. '주제', 즉 문제의 본질이나 대안을 가지고 토론하는 것이다. 회원 공통의 목적을 위한 일을 잘하자고 치열하게 논쟁할 수 있다는 사실은 보람되고 훌륭한 행동이다. 시장과 협회의 오늘과 미래를 준비하며 고민과 궁리로 답하며 만들어진 생각들이 미리 준비돼 있기에 가능한 일이다.

협회가 정책의 성공률을 높이는 방법의 하나는 다양한 아이디어를 모아 주제를 선정하고 그 주제로 토론하는 방식이다. 담당자나 지도자가 혼자서 고민하고 궁리하며 아무리 방법을 찾아도 개인 생각의 한계를 뛰어넘기는 힘들다. 이런 토론방식은 사고와 시각이 전혀 다른 사람들이 자유롭게 다양한 문제를 제기하고, 보완하면서 부족한 부분은 채우고, 위험은 제거하면서 정책을 완성시켜 나가는 방법이다. 이는 정책의 성공 확률을 높이면서도 한편으로는 회원들이 승리할 수 있다는 자신감으로 추진할 수 있는 동기를 부여해 주기도 한다. 자신들이 참여해 만든 정책이란 긍지에서 나오는 힘이다. 회원 간 소통도 활발하다. 이런 소통문화는 치열할수록 더욱더 생산적인 결과를 도출하게 된다. 적극 장려해야만할 귀중한 소통문화다.

통찰의 힘은 변화를 부르고, 변화는 역사를 주도한다. 동료들이 갖고 있는 소중한 지식과 정보, 그리고 내가 보지도 듣지도 상상도 하지 못 했던 아이디어 그리고 경험하지 못한 체험들이 한 곳으로 모이게 된다. 다양한 생각, 지식, 경험들이 융합되어 새로운 정책, 지식, 정보가 생성되고 변화의 에너지를 충전시키는 것이다. 현장의 지적자산들이 생산성을 높이며 시장과 협회의 나갈 방향을 제시할 때, 회원은 목표달성에 관하여 불안한 심리나 두려움도 모두 극복할 수 있게 된다. 확고한 신념으로 목표를 향하여 도전할 수 있을 것이다.

8

약속과 끝마무리는
처음처럼 중요하다

리더십의 정책 약속과 마무리는 매우 중요하다. 회장이나 회직자가 공약이나 정책을 약속했다면 그 추진과정과 성공도 중요하지만, '어떻게 마무리하느냐'하는 것이 매우 중요하다고 본다. 정책의 성공과 실패를 떠나서 마무리가 중요한 것은 책임의 문제가 따르기 때문이다. 우리는 간혹 지방을 여행하며 아름다운 해변 가나 자연의 한가운데에 우뚝 서 있는 흉측한 콘크리트 구조물을 볼 수 있었다. 우선 불쾌하고 안타까운 마음이 든다. 무슨 연유일까? 자연과 잘 어울리는 건물을 짓겠다는 아름다운 계획이었겠지만 결과는 자연경관을 망치고 있는 것이다. 불법 건축이든 자금 부족이든 건축주가 깔끔한 마무리를 못한 결과다. 자연경관을 망치고, 경제적으로 자신이 피해를 보면서도 수많은 여행자에게 불쾌감이나 안타까움을 보여주는 것이다.

공약으로 내세운 거창한 정책들은 물론, 일상적으로 추진하는 소소한 과제들조차 마무리하기는커녕, 아무 성과도 없이 일을 하는 듯 마는 둥 세월만 보내다가, 막상 문제가 제기되면 '나는 모르는 일'이라고 슬그머니 빠져나가는 미꾸리 같은 지도자들을 너무나 많이 보았다. 임직원은 어떤 일이든 정책의 성패를 떠나서 약속만은 깔끔하게 마무리하여야 한다. 자신이 추진한 정책이 성공했거나 혹은 실패했어도 그 마무리가 중요하다는 것만은 분명하다. 자신의 약속과 정책에 대해 깔끔한 마무리가 이뤄져야 비로소 자신의 소임이 끝나기 때문이다.

1) 타이밍을 잡는 '민첩한 조직'

마무리를 못 하는 사람은 솔직히 의사결정도 스스로 하지 못한다. 어떤 공약을 제시하거나 추진하는 것은 누구나 다 할 수 있는 일이다. 그러나 공약을 성공적으로 추진하고 마무리하는 일은 아무나 할 수 있는 일은 아니다. 공약을 실현하기 위해 필요한 지식과 능력, 그리고 조직 구성원에게 동기를 부여하여 협력을 이끌어 내고, 목표 달성을 위한 전략과 끊임없는 추진력을 갖춘 리더십이 필요하기 때문이다. 또한, 정책을 추진함에 있어 중요한 요소 중의 하나는 기회를 잡고, 기회에 맞춰 추진하는 안목이다. 타이밍이다. 기회는 잡아야 할 시기를 놓치면 사라져 버린다. 시기를 놓치는 순간 공들여 준비한 정책은 추진도 못해보고 폐기해버려야 한다. 공약이든 정책이든 추진의 시기는 정책의 성패를 가름하는 중요한 요소다.

정책을 추진하면서 완벽한 무결점 시나리오를 만들어 추진하려 하거나, 실패가 두려워서 심사숙고하는 우유부단한 태도가 오히려 확실한 실패를 조장하는 경우를 종종 볼 수 있다. 변화에 적합하고 완벽한 정책과 전략을 찾기는 힘들다. 기본 방향이 잡히면 일단 정책을 추진하고, 그 과정에서 상황에 따라서 다듬고 보완해 나가는 유연한 사고를 갖춘 리더십이 필요하다. 이런 리더십이 변화에 시의 적절한 지원을 할 수 있는 조직, 시장과 사회변화를 따라잡거나 선도할 수 있는 민첩한 조직으로 변화시켜 나갈 것이다. 항시 시장과 조직을 통찰하고 학습하고 연구하며 실천하는 '행동하는 조직'이 우리가 원하는 '새로운 협회'의 모습이다.

2) 리더십의 시각과 관찰력 그리고 인내심

목표를 달성하기 위해서는 구성원의 열정과 조직역량을 점검하는 치밀한 준비가 필요하다. 위험요소는 물론 추진과정에서 나타날 수 있는 다양한 변수들로 인하여 예측할 수 없는 크고 작은 돌발 상황이 나타날 수도 있다. 리더십은 정책을 빨리 이루겠다는 조급함을 버리고, 좋은 결과를 얻어내겠다는 담대한 마음으로 차분히 추진해 나가는 지구력을 가져야 한다. 정책을 추진하는 과정에서 매 순간마다 과감한 결단과 도전의 용기가 필요하다. 소소한 부분도 살피는 섬세한 관찰력도 중요한 자질의 하나다. 수시로 나타날 수 있는 위기와 난국을 극복해나갈 수 있는 지혜와 뚝심도 있어야 한다. 특히, 만사가 순조롭게 진행되는 시기일수록 결코 방심하거나 자만하지 않는 자세다. 순탄한 시기일수록 방만한 태도와 사고를 버려야 한다. 추진 상황을 더욱 냉철히 주시하면서 평상심을 유지할 수 있어야 한다.

리더십이 적절한 긴장을 조성하는 것은 조직에 활력소다. 무력하고, 부정부패가 만연한 조직에서는 긴장감을 전혀 찾아볼 수 없다. 이처럼 방만한 조직에서 유능한 인재가 내부인사에서 발탁되어 성장할 수도 없다. 인재를 말살하는 조직이다. 리더십이 만드는 적절한 긴장감은 조직이 추구하는 정책이나 과업에 대해, 언제나 주도적으로 대처하며 스스로 해결할 수 있는 활기찬 조직으로 변화시킨다. 자연히 인재도 육성된다. 긴장감이 사라진 조직은 이미 망가졌거나, 망가지고 있는 조직에서 나타나는 현상으로 무능한 리더십의 표본이다.

한편 리더십의 지나친 낙관이나 자신감은 결단의 신중함을 잃게 된다. 지나친 비관이나 두려움은 문제를 해결할 수 있는 능력조차 스스로 부정하거나 파괴해 버릴 수 있다. 리더십의 의지와 방향에 따라 활기찬 조직으로 변하거나 무력한 조직으로 전락하는 사례는 수없이 많다. 리더십이 조직에 희망과 자신감을 강력히 전파하는 경우와 철학 부재로 무책임하고 방만한 사고를 심어주는 경우로 가정해 보자. 리더십이 조직에 전하는 메시지에 따라서 그 조직의 미래가 확연히 구분되어 진다. 도전할 수 있는 철학과 열정이 없는 리더십에서 문제를 해결하기 어렵다는 포기의 메시지를 받은 조직은 그 해결방법을 찾는 것조차 포기해버린다.

"천 리 길도 한 걸음부터."라는 속담이 있다. 일을 도모하는 데는 목표가 있고, 목표를 달성하는 데는 치밀한 준비가 있어야 한다. 시작을 하면 바로 목표가 이루어질 것 같지만 시작은 시작일 뿐이다. 처음에는 고통스럽고 얻는 것도 보이지도 않는다. 그러나 목표 의식을 가지고 묵묵히 추진하면 목적지에 도달할 수 있다. 할 수 있다는 신념이다. 섬세하고 소소한 부분도 챙기며 문제를 하나씩 해결해 나가다 보면 목표를 달성할 수 있게 되는 것이다. 원대한 꿈과 섬세한 관찰력, 그리고 승부사의 도전정신은 지도자의 빠질 수 없는 덕목이다.

9

책임에 준엄한 지도자

회직자로 참여하는 사람들은 지도자로 성공하여 봉사의 성취감을 만끽하면서 사회적으로 존중받고 싶은 야망이 있다고 할 것이다. 매우 고무적 현상이다. 회원을 위한 봉사와 열정에서 자신의 행복을 찾는 사람이다. 그러나 회원과 사회로부터 인정받는 회직자로 성공하는 일이 그리 손쉬운 일은 아니다. 주어진 직책을 성실하게 수행하고 성공할 수 있는 소양과 준비가 있어야 가능한 일이다.

회원과 사회로부터 인정받는 것은 직무를 충실히 수행함으로써 얻어지는 결과다. 스스로 필요 지식과 가치관이 정립돼 있고, 주어진 책무를 수행할 수 있는 능력이 있어야 한다. 스스로 직무에 필요한 교육과 소양을 갖추고자 노력하고 준비한 사람 그리고 사익보다는 공익에 충실하고, 주어진 권한보다는 의무와 책임에 충실한 사람이라면 성공의 문을 열 수 있다.

모든 리더십은 학습과 준비가 중요하다. 지도자는 철학과 가치관, 지식과 경험에서 나오는 통찰력을 바탕으로 성장하는 것이다. 지도자의 선택에 따라서 모든 상황이 전개된다. 의사결정에 과단성은 준비된 지도자에게서 나타난다. 부닥친 문제와 상황을 파악하고 대처할 방향을 선택할 지혜가 있기 때문이다. 의사결정에 우유부단한 리더십은 정반대의 경우다. 상황도, 방향도 전혀 보이지 않는 것이다. 모르기 때문에 어떤 결정도 할 수가 없는 것이다. 리더십이 준비돼 있느냐 없느냐에 따라서 조직의 성쇠에 직접적으로 영향력을 미친다.

리더십의 요체는 조직 구성원을 하나의 공동체로 결속시키는 것과 효율적 조직화를 이루는 데 있다고 볼 수 있다. 조직 구성원을 회원 공동체로 묶어서 하나 된 힘으로 만드는 것, 조직의 목적 달성을 위해 필요한 역량을 갖춘 조직화를 이루는 것, 구성원이 가진 힘과 지혜를 힘차게 작동할 수 있도록 조직의 정예화를 이루어내는 것이다. 어렵게 하나로 모아진 공동체도, 엄중한 규율과 질서를 유지하는 지휘체제를 갖추지 못 하면 오합지졸에 불과하다. 물론 리더십의 비전과 추진력이 크게 영향을 미친다. 조직이 위기나 어려움을 극복해야 할 경우, 하나 된 공동체의 막강한 힘은 조직에 강력한 추동력을 발휘할 수 있는 원천이 된다.

1) 공인의 청렴과 책무

훌륭한 회직자의 소양은 첫째, 협회의 회직자로 참여하는 목적이 봉사와 책임을 지는 것이어야 한다. 열정과 사명감은 물론 협회의 존재 이유와 의미에 대한 명확한 인식과 가치관이 정립돼 있어야 한다. 둘째, 자신이 수행할 직무에 관한 의무와 책임 그리고 권한에 대하여 분명한 이해와 지식이 필요하다. 회직자의 직무에 따라서는 전문지식과 다양한 직무경험에서 얻은 경륜이 필요한 경우도 있다. 셋째, 회원과 부동산시장의 성장과 발전, 그리고 협회 발전을 위해 헌신적인 노고를 아끼지 않을 순수한 봉사정신이 갖춰져 있어야 할 것이다.

준비된 회직자는 직무수행 과정에서 '공(公)과 사(私)'에 대하여 선택을 해야 하는 경우, 거침없이 '공(公)'을 선택하는 소신을 보여줄 수 있는 사람이어야 한다. 공동체의 공익을 우선으로 하는 성실한 사람은 조직구성원의 사고와 가치관에 커다란 영향력을 발휘하며 변화를 주도하게 된다. 이러한 청렴하고 순수한 회직자들은 회원에게 신선한 감동과 희망을 전파하게 된다. 회원이 상호존중하고 신뢰하며 협회에 참여하는 조직문화를 확산시키는 활력소다.

회직을 나선 후보자들이 선거에서 '열심히 하겠다'고 호소하고, 당선되고 난 후에 달라지는 경우가 너무나 허다하다. 달라질 수밖에 없는 이유 세 가지를 꼽아볼 수 있다. 첫째, 무엇을 어떻게 하는지 직무 매뉴얼이 없다. 당신이 알아서 하라는 것이다. 둘째, 일정한 기간이 지날수록 '내가 무엇을 하고 있지?' 하는 단순 직무에 대한 의혹과 실망감이다. 셋째, 가장 무서운 것은 열심히 일하는데 성과가 보이지 않는 것이다. 스스로 자신의 직무영역을 폄하하는 경우 등 다양한 상황들이 회직자(극히 일부)의 의욕을 상실케 하여 초심을 잃게 만드는 것이다.

물론 앞에서 설명한 것처럼 청렴하고 준비된 회직자라면 '왜 이런 현상이 나타날까?', '어디서 무엇이 문제인가?', '어떻게 하면 해결할 수 있을까?' 등 질문과 궁리로 풀어나갈 것이다. 섬세히 관찰하고 학습하며 방법을 찾아 나서는 사람이다. 자연히 긍지와 자신감이 생성된다. 이처럼 회직자가 직책을 성공적으로 수행하려면 많은 학습과 준비가 되어있어야 한다. 협회가 회직자와 미래의 후보자에게도 리더십교육을 학습하고, 준비할 수 있는 인재육성시스템을 갖춰야하는 이유다. 직무에 따른 전문지식은 물론 교양, 경영, 예술 교육 등 다양한 자아개발 프로그램을 제공해야 한다. 어느 자리, 어느 상황에서도 당당한 인품의 회직자로 성장할 수 있는 교육환경을 만들어 유지하는 데 노력과 비용을 아끼지 말아야 한다.

리더십과 인재육성

1

인재는 비전을 따라서
둥지를 튼다

　수많은 직원과 회원·회직자가 좋은 정책을 제안한다. 그러나 뛰어난 아이디어나 인재가 아무리 많아도 수용하고 활용할 수 없다면 쓸모가 없다. 조직이 목표를 달성하기 위해서는 정확한 사실과 정보를 바탕으로 정책이 만들어지고 실현이 가능하고 구체적인 시나리오가 지원돼야 한다. 훌륭한 아이디어를 살리기 위해서는 구성원 누구나 아이디어를 제시할 수 있고 접수되어 수용할 수 있는 시스템을 갖춰야 한다. 이런 개방적 아이디어시스템이 모든 구성원의 창조적 사고와 활동을 촉진시킨다. 직무와 관련된 부분의 개선 아이디어를 창출하면서 적극적으로 참여하게 된다. 성과와 보상을 연계하여 동기부여를 강화시켜야 할 것이다.

　이처럼 자유롭고 진취적인 구성원의 아이디어 참여가 조장되고 정착될 수 있도록 시스템을 강화해 나가야 한다. 사무처는 회장이 바뀌거나 내·외부적으로 아무리 큰 변화나 위기가 발생해도 사무처 직원의 신분은 전혀 영향을 받지 않고 항시 자신의 직무에 전념할 수 있는 규율과 질서가 확립된 조직으로 만들어내야 한다. 조직의 투명하고 공정한 인사제도는, 특히 직원에게 생각과 역량을 자유롭고 소신껏 발휘할 수 있도록 지원하는 원천적 힘이 된다.

훌륭한 조직문화를 갖추기 위한 직원과 회직자의 전문성과 소양을 강화하는 방법으로 지속적인 교육과 훈련에 있다. 직원과 회직자에게 필요한 다양한 교육과 프로그램 과정을 제공하여 내부에서 우수한 인재, 뛰어난 리더십을 발휘할 인재를 육성해 나가야 한다. 또한, 인재를 구하거나 유치할 대상자에게도 훌륭한 교육시스템은 매력적 요소다. 교육시스템을 구축하는 청사진을 그리는 것과 교육의 질과 방향은 회장의 가치관이 큰 영향을 미치게 된다.

아무리 훌륭한 아이디어를 제시하여도 수용이 거부되는 조직이 있다. 변화를 두려워하는 조직에서는 혁신적 사고를 가진 인사가 이단자나 '돈키호테'로 낙인찍혀 사장되거나 망가지기 십상이다. 이런 조직 문화는 훌륭한 인재의 싹은 보이는 대로 철저히 짓밟아버린다. 후계자를 만들지 못하는 영구집권을 추구하는 조직에서 발생하는 현상이다. 그러나 민주조직 곳곳에서도 사악하게 나타나는 독소다. 훌륭한 인재의 싹수는 보이는 대로 억누르거나 밟아버리는 조직, 이런 썩어버린 조직에서 우수한 인재가 생존하거나 성공할 기회를 찾을 수가 없다.

누가 무슨 직책을 담당하든 당사자에게는 매우 소중한 직업이다. 자신의 소중한 직무에 모든 열정을 투입하는 사람이다. 훌륭한 인재들은 자신이 맡은 일 외에도 조직에서 일어나는 모든 현상들을 관찰하면서 학습하고 궁리하며 과업을 달성할 문제의 답을 찾아내기 위해 끊임없이 노력한다. 이러한 노력 과정들이 자신을 발전시키며 스스로 가치관을 정립시키는 기회가 되는 것이다. 사실은 자신도 모르는 사이에 미래의 지도자로서 갖추어야 할 자질과 소양을 탄탄하게 갖춰나가는 학습과 훈련으로 자신을 인재로 육성하는 사람이다. 어느 곳에 가서, 어떤 어려운 일을 맡더라도 훌륭하게 수행해 낼 수 있는 자질과 역량을 갖춘 인재로 성장한 것이다. 당연히 성공할 수밖에 없는 뛰어난 인재들이다. 협회에 이런 인재가 필요한 것이다.

그러나 개인의 재능이 출중하더라도 이를 활용하는 조직역량이 없으면 소용이 없다. 자신의 재능을 찾아내고 그 재능의 밑바닥 한 방울 까지 끌어내는 경이로운 모습을 우리는 주변에서 손쉽게 찾아볼 수 있다. 김연아, 박지성, 박찬호 등 스포츠 스타로 화려하게 성공한 사례는 무수히 많다. 그러나 그들이 하루아침에 스타가 된 것이 아니라 혹독한 훈련과 자아실현의 의지로 만들어진 사실을 우리는 잘 알고 있다. 자신의 열정과 타고난 재능을 꺼내는 학습과 훈련이라는 치열한 노력과 고통이 있었다. 우리가 주시하고 배워야 할 점은 그들이 성공에 이른 노력과 체계적·과학적 학습과 훈련을 할 수 있는 환경에서 찾아봐야 할 것이다.

직원과 회직자가 재능을 발휘하고 싶어도, 혼자 힘으로 이룰 수 있는 일에는 한계가 있다. 협회가 추구하는 목표가 정해지면 어떠한 난관이나 위험도 극복하며 달성해내야 한다. 이를 위해서 모든 구성원이 총력전을 수행할 수 있는 능력을 갖춘 정예부대로 만들어내야 한다. 정예화를 이룬 조직은 전투수행 역량과 단결로 이뤄진 강병이다. 어떤 상황에서도 도전하거나 방어할 수 있는 힘이 있다. 조직이 사명을 달성하기 위해 필요한 학습과 훈련, 그리고 실전에서 승리를 준비한 조직이다. 신상필벌(信賞必罰)이 분명하고 조직기강과 질서가 확립되어 있다.

우리가 이러한 정예 조직으로 만들기 위해서는 명확한 인사제도와 교육, 공정한 규율이 필요하다. 인사규칙은 공정하고 원칙에 철저하게 운영되어야 한다. 조직 구성원들이 공정하다고 신뢰할 수 있는 제도를 만들고 공정하게 운영되는 인사시스템을 갖추어야 한다. 훌륭한 인재의 채용도 중요하지만 부단한 교육과 동기부여로 인재를 육성하는 조직에 미래가 있다.

2

———

소통과 신뢰의 리더십:
조직문화 형성은 회장이 앞장서야

고착된 조직문화를 바꾸는 것이 쉬운 일은 아니다. 더구나 개인이 아무리 재주가 뛰어나도 조직문화를 바꾸어낸다는 것은 매우 어려운 일이다. 그러나 고착된 조직문화를 새롭게 바꾸는 혁신이나 내부구성원들의 변화에 의한 자생적 조직문화를 조장하는 거대한 변화를 주도할 수 있는 기회는 오직, 통치권자인 회장에게 주어진다. 회장의 철학과 가치관이 바로 그 시작이고 방향과 가치관의 정도에 따라 정비례해 영향을 미친다. 혁신을 추구하는 방향과 목표의 수준과 리더십의 의지에 따라 변화의 수위가 나타나게 된다. 조직문화를 바꾸는 과정에서 내부적 반발이나 생각이 다른 사람들을 이해시키고 설득하며 추진해야 하는 어려움도 있다. 확고한 신념이 없이는 이룰 수 없는 험난한 길이다. 조직문화를 바꾸는 것이 진정한 변화다.

이 과정에서 조직 구성원들의 다양한 생각을 공론화시켜 하나로 융합시켜 내는 회장의 역량이 필요하다. 일방적인 힘으로 밀어붙여서 이룰 수 있는 일이 결코 아니다. 회원에게 협회의 미래를 위해서 그 일이 꼭 필요한 당위성과 효과에 대해 설명하고 진솔하게 이해와 설득을 해나가야 한다. 거부하거나 이론을 제기하는 사람의 이야기도 듣고, 답하고, 설득하여야 한다. 끝장 토론에 가까운 치열한 논쟁이 춤추도록 판을 만들어 생각의 융합을 이뤄내야 한다. 이러한 활발하고 치열한 논쟁은 추진하는 정책에 대해서 미처 살펴보지 못한 위험이나 오류, 부실하거나 미흡한 부분까지 세세히 찾아내 주고, 그 해법까지 숙성되도록 만들어 준다.

이처럼 소통은 매우 고무적인 결실을 창출해낸다. 첫째, 회장이 추진하려던 과업이 한 단계 높은 차원의 과업으로 다듬어지고, 위험요소 등 부족한 부분을 채워줌으로써 더욱 성공의 가능성을 높여준다. 둘째, 변화나 과업에 대한 불만이나 거부세력들이 치열한 논쟁과정에서 과업의 주도자이자 의사결정자가 되어 버린다. 즉, 치열한 반대자가 참여자로 바뀌어 자신들의 생각과 주장이 녹아든 과제로 만들어 버린 것이다. 그렇게 만들어진 과제는 거부하거나 방관자가 아니라 오히려 적극적 지지와 참여자로 변한다. 이러한 과정을 만들어주는 민주적 리더십이 진실한 회원소통이고, 그 결과가 진정한 회원의 생각과 힘이라고 할 것이다.

바람직한 조직문화를 생성하는 원동력은 지도자의 솔선수범이다. 지도자의 비전과 도덕성이 아무리 훌륭해도 행동으로 보여주지 않으면 소용없다. 말로만 하는 것은 누구나 다 할 수 있다. 그러나 앞장서는 진실한 모습을 보여주는 것은 아무나 할 수 있는 것이 아니다. 그럼으로 솔선수범이 중요하다. 어떠한 난관이나 위험도 불사하는 추진력도 있어야 한다. 부단히 노력하고 도전하며 승리를 이끌어 낼 때까지 노력하는 열정과 추진력을 보여주어야 한다.

3

준비된 선장의
성공 신화

　회원은 차분한 학습과 경륜으로 준비된 선장을 기다리고 있다. 미래를 개척해 나갈 당찬 희망의 리더십을 간절히 기다리고 있다. 이제는 꿈과 희망을 심어줄 회장을 기다리는 것이다. 회장이란 자신의 철학과 가치관으로 조직에 비전을 제시하고 회원과 함께 신천지를 향하여 도전하는 자리다. 회원은 이제껏 준비된 회장을 만나지 못한 것이다. 회장이 당선되면 취임식에서 선서를 한다. 공인의 책무를 다하고 회원과 시장 발전을 위해 매진하겠다는 약속이다. 그런데 이제껏 회장이 이끄는 대로 따르다 보니 시장과 회원이 가는 길이 보이지 않는다. 고통만 수반하고 있다. 도대체 무엇을 위해 어디로 가는지 목표도 없이 제자리걸음만 맴돈 것이다.

　당장 회원이 탄 배가 망가져 움직일 수 없는데 고장 난 곳을 찾아 고칠 능력도 없으면서도 무조건 목적지로 갈 수 있다고 큰소리치는 사람, 가고자 하는 목적지도 명확하지 못 하고 망가진 배를 고칠 줄

도 모르는 사람, 무엇이 어디서 어떻게 고장 난 것인지 얼마나 망가졌는지 상황도 모르는 사람, 그런 사람들이 '내가 혁신을 이루겠다'고 공언하고 당선되는 것이 가장 두려운 것이다. 우리는 이런 아픔을 수차례 경험했다. 이제 다시 반복해서는 안 된다.

무모한 선장이 망가지는 것은 자신의 선택이지만 그 결과는 회원의 삶과 꿈을 망치고, 부동산시장을 망치고, 소비자 권익까지 망쳐버리는 것이다. 누가 책임을 질 것인가? 회원과 시장, 그리고 국가에 씻을 수 없는 죄를 짓는 것이다. 선장은 회원과 시장에 확고한 가치관과 투철한 사명감으로 임해야 한다. 또한 '소비자 보호'라는 사회적 책무도 이루어내야 한다.

치열한 경쟁시장이다. 부동산시장의 내부경쟁과 유사업종의 침탈보다도 IT 업계가 가장 위협적인 경쟁자로 나타난 것이 오늘의 현실이다. 이런 위기를 극복하기 위해서는 공동체 결속과 인재가 경쟁력이다. 모든 조직의 핵심과업은 효율적 조직정비와 인재육성을 위한 교육에 있다. 조직이 체계를 갖추고 목표를 달성할 수 있도록 강화시키고, 조직의 목적과 장·단기 목표를 달성하기 위해 필요한 인재를 육성하고 지원하는데 진력을 다 하는 것이다. 모든 국가나 단체의 경쟁력은 교육과 훈련에서 나온다는 사실은 우리나라 근대사가 입증하고 있고, 국가마다 교육제도에 관한 부분이 정치·사회적으로 치열한 논쟁이 지속되는 이유다.

　이러한 교육과 더불어 중요한 것은 지도자가 얼마나 준비된 사람인가 하는 부분이다. 특히, 국가든 단체든 설립과정에서 법과 관련 규율, 조직구조, 운영시스템 등을 만들면서 창업을 이루는 것이 쉬운 일은 아니다. 조직이 이루고자 하는 목적을 실현하기 위해 가장 적합한 기능과 역량을 발휘할 수 있는 제도와 시스템을 갖추는 일이기 때문이다. 현재 한국공인중개사협회는 조직을 해체하고 새롭게 건축해야만 살아남을 수 있는 절박한 위기에 있다. 부정부패와 무질서를 일소하고 투명하고 정직한 협회, 회원 중심의 '새로운 협회'를 건설하는 과업이다.

　이런 원대한 과업을 성공하기 위해서는 회장이 협회의 목적과 가치에 대한 철학과 비전이 확고해야 한다. 혁신의 열정과 섬세한 관찰력, 오늘과 미래를 직시하고 준비하는 지혜와 경륜, 청렴과 윤리를 지킬 수 있는 사람 등 아주 까다로운 조건이 요구된다. 더 나아가 회원의 비즈니스 환경과 삶의 질을 향상시키는 가치를 아는 사람, 부동산시장의 발전과 선진화의 결과가 회원에게 주는 가치를 위해 끈기와 지혜로 성취해낼 수 있는 사람이어야 한다.

4

———

회장의 권한 위양과
지부·지회 자율경영체제

준비된 선장은 항해를 시작하면 우선, 유능한 인재를 찾아 영입하고 육성하는 데 온 힘을 기울인다. 어느 자리에 무슨 일을 맡겨도 자기 일을 하듯이 충실한 주인의식을 가진 사람이 필요하다. 인재를 구하고 육성하는 일이 중요하다는 것은 아무리 강조해도 지나치지 않은 것이다. '새로운 협회'에서 회장은 많은 권한을 위양해야 한다. 사무처 업무는 사무총장에게, 지부는 지부장에게 필요한 권한을 위양하여야 진정한 변화를 위한 혁신을 이루어 낼 수 있다.

이러한 권한위양은 회장이 책임과 의무를 회피하는 것이 아니다. 회장이 가져야 할 권한과 책임은 그대로 유지된다. 회장에게 집중된 권한을 필요한 조직과 부서로 위양 하는 것이다. 솔직히 말하자면 회장의 권한은 필요한 조직과 부서에 있어야 할 것을 누구인가 아주 모자란 사람이 회장에게 가져다 안겨버린 것이다. 전투 중에 소대장의 병사 통제권과 지휘권이 사령관에게 있다면, 그 전투는 백전백패다.

권한은 필요한 사람에게 주어져야 하는 것이다.

여기서 회장이 사무처 대소사를 사무총장과 직원에게 권한을 위양하고 책임경영체제를 구축하려고 할 경우, 사무총장의 인품과 역량, 조직과 경영에 관한 지식과 경륜 등은 매우 중요한 요소다. 또한, 책임경영체제로 권한을 위양하고, 책임과 의무를 이행하는 새로운 경영체제로 바꾸는 데는 사무총장, 부장, 과장, 담당 직원이 충분히 준비가 돼 있어야 가능하다. 위양된 권한을 바르게 행사하고 조직을 활기차게 만들어나갈 준비가 되어 있느냐 하는 문제는 혁신에 매우 중요하다. 준비가 안 된 총장이나 직원에게 권한 위양을 하는 것은 심각한 위기를 야기할 수 있다. 이런 이유만으로도 인재와 교육문제가 협회의 핵심으로 떠오르게 된다.

조직 활성화를 위한 지부·지회 자율경영체제(독립채산제와 다름)도 회장이 가져간 권한을 위양하는 것이다. 지부·지회 자율경영체제는 파격적인 조직변화다. 사무처도 준비할 것이 매우 많은 부분이고, 어렵고 신중해야 할 과업인 것은 틀림없다. 그러나 미래를 위해 신속히 실현해야만 할 변화다. 사무처나 지부는 위양하는 권한에 관한 정도와 규율, 조직행정의 범위, 재정적 문제와 인사권 등 세세한 관찰로 예상되는 위험요소나 부정적 문제들을 찾아보고, 해결방안을 준비하면서 차질 없이 지부·지회 자율경영체제를 실현시켜야 할 것이다.

이러한 회장의 권한 위양의 진정한 목적은 조직의 투명성과 자율성을 강화시키는데 있다. 주인의식을 갖고 내 일처럼 일할 수 있는 활기찬 조직문화를 창달해 나가는데 목적이 있다. 사무총장을 비롯한 임직원과 회직자에게 자신의 직무에 의무와 책임을 물으면서 자율적인 권한을 부여하는 것이다. 이제껏 회장을 비롯한 회직자나 직원에게 권한은 있어도 책임과 의무는 없는 불가사의한 조직이었다. 이것이 회원과 시장의 미래를 망쳐 온 원흉이었다. 권한보다는 의무와 책임에 더욱 충실한 조직으로 바꾸는 것이 혁명적 변화를 이루는 길이다.

5

———

선장의 비전은
급속히 확산된다

회장을 비롯한 회직자는 '회원을 위해 봉사하는 존재'라는 사명감으로 시작되어야 한다. 자신의 직무를 수행하는 태도와 과정이 조직에 그대로 반영되고 조직문화로 형성되어 간다. 회원과 직원에게 목표를 향해 나갈 방향을 제시하고 지원하며 도움을 주는 사람이 되어야 한다. 극히 일부 회직자가 금전적 보상을 공개적으로 바라는 경우를 종종 볼 수 있었다. 그러나 협회 조직은 비영리 사단법인으로 회직자에게 넉넉한 금전적 보상으로 직무수행에 대한 동기를 부여하기는 매우 어렵다. 회원을 위한 참 봉사로 얻어지는 삶의 가치와 그 명예에서 찾아야 한다. 잘나가는 대기업들도 금전적 보상만으로 임직원의 동기를 부여하기 어렵다는 것을 인식하고, 직원이 자아성취를 이룰 수 있는 환경을 조성하고 있다. 직무역량 강화가 곧 자신의 성장으로 이어진다는 사고와 긍지가 더욱 중요하게 인식되어야 할 것이다.

더구나 협회의 존재 이유인 목적사업과 재정적 한계성 등으로 금전적 보상은 그 한계가 분명하다. 또한, 회원을 위해 명예롭게 봉사하는 것을 목적으로 공약하신 분들이다. 회장을 비롯한 모든 회직자가 출마의 변으로 회원에게 봉사와 헌신, 혁신을 천명한 사람들이다. 봉사와 헌신의 의무를 이행함으로써 명예를 얻고 사회적 성취를 이루는 것이 동기유발의 원천이어야 한다. 이 부문에서는 철저히 봉사와 헌신이라는 사회봉사 정신으로 무장된 JC(청년회의소)나 라이온스 등 사회봉사단체가 이루어낸 리더십 문화를 살펴보고 연구한다면, 회장과 회직자 리더십의 방향성과 구체적 대안으로 매우 훌륭한 본보기가 될 수 있을 것이다.

우리는 회원과 시장의 변화를 이끌어 낼 수 있는 '강력한 협회'로 만들기를 원한다. 회원 회직자 모두에게 공통된 염원이다. 이 염원을 하나로 묶어 아무리 험한 폭풍이나 난관에도 굴하지 않고 도전하고 또 도전하면서 승리를 얻어내는 조직을 만들어내는 것이 진정한 변화다.

물론 하루아침에 모두 변할 것이라고 생각하는 사람은 없다. 그러나 소련이 하루아침에 자유민주체제로 변한 사실에서 '우리도 할 수 있다'고 믿어야 한다. 다만, 회장이 고유 목적을 달성하기 위해 추진하는 정책의 방향성, 그리고 목표를 이루기 위한 열정과 추진력은 있는가? 실현 가능한 구체성이 있는가? 하는 부분의 중대함을 우리는 직시해야 한다. 즉, 리더십의 수준과 정도가 협회 경영혁신의 시기와 품질을 결정하는 사실을 주시해야 할 것이다.

회장이 청렴과 정직, 사명감으로 진실한 리더십을 발휘하면, 회원과 회직자는 아무리 험한 난관도 함께 극복하겠다고 모두 달려들어 힘을 보태게 된다. 희망이 보이기 때문이다. 회장의 진실한 리더십이 만든 신뢰가 '새로운 협회'를 갈구하는 회직자들의 가슴속에 불꽃을 지펴준다. '새로운 협회'를 만드는 일은 회원과 회직자 모두의 가슴을 설레게 하는 비전이다. 자신이 소망하는 일을 이룰 수 있다는 것, 그 소망을 이루는데 자신이 참여하고 기여할 수 있다는 것, 이보다도 더 강력한 동기유발을 끌어낼 수 있는 방법은 찾아내기 쉽지 않을 것이다. 진실한 리더십과 함께하는 자부심과 '새로운 협회'를 건설하는 꿈을 이루어 낸다는 사명감으로 무장된 회원들의 도전이 이뤄지는 것이다. 아무리 험난한 문제도 극복할 수 있는 강력한 힘이다. '새로운 협회' 건설에 참여한 사람 모두가 영웅이자 전설로 기록될 것이다.

'새로운 협회'로 바꾸는 것이 쉬운 일은 아니다. 그러나 회원이 소망하는 비전을 이루기 위해 청사진을 완성하고 시나리오를 갖추고 있다면 아주 손쉬운 일일 수도 있다. 회원과 회직자가 하나로 뭉치는 순간, 어떤 난관이나 위기도 극복할 수 있는 강력한 조직으로 변한다. 도전 과정에서, 목적을 향한 과업조차 비웃던 사람들까지 참여함으로써 갈등과 분열도 자연스럽게 치유된다. 도전에 필요한 열정과 학습, 담대한 연구, 조직구조와 시스템의 재정비 등 조직의 효율성으로 새로운 체제를 갖추는 일이다. 비전을 향하여 집요하고 끈질기게 도전하고 승리를 이끌어내는 조직문화가 이루어지도록 내부 환경을 조성하는 리더십이 중요하다.

6

조직변화는 인재와
리더십이 결정한다

위기에 처한 조직일수록 인재부족의 어려움을 겪게 된다. 조직 곳곳에서 '어렵다, 문제다, 위기다' 하는 절박한 아우성이 난무해도 조직 구성원들이 방관자처럼 바라만 보는 조직, 문제를 해결하려는 의지나 책임감이 사라진 조직은 구성원이 앞장서서 문제를 해결할 이유가 없는 조직이다. 일 잘하는 사람보다는 아부하는 사람이 승진하는 조직으로 인사원칙이 사라진 조직에서 나타나는 부패현상이다. 일 잘하는 유능한 사람보다는 처세에 능숙한 사람이 승진과 출세를 독점하게 된다. 사람의 재능이 성장과 승진의 기준이 아니다. 당연히 처세와 기회에 약삭빠른 사람들로만 채워진다. 일 잘하는 유능한 사람은 견딜 수가 없게 되어 조용히 떠나간다.

건실한 조직에서는 전혀 다른 현상이 나타난다. 고객과 만나는 서비스 접점에서 조직의 비전을 이루기 위해 노력한다. 고객접점에서 나타날 수 있는 위험이나 돌발변수까지 찾아내고 개선하는 인재가 성장한다. 그들은 고객과 만나는 시점에서 발생하는 문제나 의문점은 아주 작은 부분까지 깊이 관찰하고 주의를 기울이며 궁리한다. 문제의 원인을 찾고 답을 찾는다.

회장은 꾸준히 부동산시장 현장에 나가 부동산시장의 시각으로 제도와 정책을 관찰하여 변화와 개선의 방향과 방법을 찾아 나가야 한다. 시장에서 수시로 회원을 만나고, 회원의 이야기, 시장의 이야기 속에서 시장의 문제를 찾거나 학습하며 회원과 공감과 교감을 이뤄내야 한다. 회원의 이야기 속에서 협회의 정책 방향과 그 대안을 찾아내는 지혜가 필요하다. 회장이 회원과의 소통 부재로 회원과 시장의 변화를 소홀히 하는 순간! 회장 개인이 망가지는 것은 물론 협회경영에도 심각한 타격을 주는 '회원 이탈 현상'이 나타나게 될 것이다.

회원이 협회와 만나는 자리 즉, 회원과 회직자, 회원과 직원이 만나는 과정에서는 제아무리 사소한 일이라도 친절하고 정중하게 대하여야 한다. 그 만남에서 회원이 받는 느낌이 바로 협회의 이미지로 정착된다. 좋든 나쁘든 간에 회원이 받은 느낌의 영향력이 미치는 사람은 당사자 한사람이 아니다. 그 사람의 주변 회원을 중심으로 급속히 확산되어 나간다. 좋은 이미지 확산이야 매우 바람직하지만, 나쁜 이미지가 확산되면 수습할 수 없는 상황으로 치닫게 될 수도 있다. 이미 엎어진 물을 쓸어 담을 수 없듯이 잘못된 이미지를 만회하거나, 다시 신뢰를 얻어내기 위해서는 너무나 많은 고통과 긴 시간, 인적·물적 자원이 투입되어야 한다.

　이러한 부정적 이미지를 유발하는 것은, 특히 관리조직에서 나타나는 현상이다. 원인은 간단하다. 관리조직이 바라보는 회원에 관한 인식과 시각이 문제다. 관리조직체제에서는 회원은 통제하고 관리해야 할 대상으로 규정한다. 회원을 협회의 주체로 존중하고, 회원의 니즈와 필요한 서비스를 제공하는 일은 상상조차 할 수 없는 조직이다. 심한 경우 회원은 협회의 존립을 위한 도구나 수단에 불과한 존재다. 즉, 협회의 성장과 발전을 위해 존재하는 것이 회원이다. 즉, 협회가 주인이다. 이런 체제에서 '회원을 위한 협회'로 개선은 불가능하다.

　회원은 분명히 변화를 원한다. 8만 회원과 그 가족의 간절한 변화다. 그것이 무엇이냐? 여기에 대한 정답은 '잘사는 것'이다. 피폐할 대로 피폐해진 시장에서 지치고 지친 삶의 끝자락에서 회원이 소망하는 것이다. '우리도 잘살아보자', '회원의 시대를 만들자'는 아주 정당하고 단순한 소망이다. 이런 변화의 욕구를 채워줄 사람은 있는가? 그런 사람이 있다면, 언제 무엇을 어떻게 바꾸어 회원의 간절한 소망을 채워줄 수 있을 것인가? 이 질문에 공감하고 자기를 성찰하며 답을 찾는 상황으로 이어지는 훌륭한 인재를 지속적으로 육성시켜 나가야 한다.

7

———

권한을 위양한 회장이
행복해진다

 지부·지회 조직만 잘하면 된다는 생각은 매우 단순한 생각이다. 우선 지부·지회에서 마음대로 할 수 있는 권한이 없기 때문이다. 지부에서 하는 사업을 승인받기 위해서는 회원과 시장의 현실을 잘 모르는 중앙사무처 담당 직원에게 설명하고 이해시키거나 설득을 해야만 한다. 사무처 담당은 그때서야 상사에게 결재를 받기 위해, 또 다른 설명과 설득 과정이 이어진다. 적어도 몇 단계는 거쳐야 한다. 그래야 최종 회장의 결정이 나는 것이다. 이러한 계층적 결재를 받는 체제에서 지부·시회의 회원 담당이 유쾌한 서비스, 신속·정확한 서비스를 제공할 수 있다는 것은 거의 불가능한 일이다. 지부·지회의 장이나 사무국 직원이 아무리 잘하고 싶어도 할 수가 없도록 만들어진 관리 조직의 비능률적 체제와 현장시스템이 문제다.

 회원과 직접 만나는 부서와 직원에게는 회원 서비스 부분에 관해서는 담당자 스스로 판단하여 결정할 수 있는 전폭적 재량권을 주어야 한다. 현장 경험과 축적된 지식이 융합된 직원에게 감각적 직관과 의사결정권까지 자기영역으로 줘야 한다. 회원과 시장의 문제를 해결하려 마음을 먹으면 언제나 신속히 풀어나갈 수 있다. 신속하고 명쾌한 서비스와 지원 가능한 조직으로 바꾸는 것이다. 지부·지회는 회원 서비스에 관한 의사결정도 중앙의 통제와 제약을 받고 있다. 문제가 발생할 때마다 사무처에 질의와 회신을 기다려 처리하는 경우가 속출한다. 이러한 문제를 해결하는 방법이 바로 담당자에게 일정한 권한을 위양하는 것이다.

회장은 지부·지회에 필요한 권한의 범위를 명확하게 규정하고, 담당자가 회원 서비스 제공의 범위를 스스로 결정할 수 있는 한계와 권한을 규칙으로 정해야 한다. 권한 위양은 회원과 부딪치는 담당자에게 사기를 진작(振作)시키며 주어진 사명에 더욱 충실할 수 있는 환경을 제공하는 것이다. 회원은 직원의 신속·정확한 처리와 유쾌한 만남에 행복할 것이다.

회장이 지부·지회에 권한을 위양했다고 시장 속에서 발생하는 현상에 대한 관찰을 소홀히 해도 되는 것은 아니다. 회장이 시장을 주시하고 관찰하는 것을 소홀히 하는 순간, 협회가 시장정책에 관한 준비와 대응 과정에서 정확한 시장현실을 반영할 수 없게 된다. 시장에 관한 현실 감각을 잃게 되면 정부 부동산정책에 관해 대안을 제시하거나 비판능력도 상실하게 된디. 정부정책을 바른길로 이끌거나 간접적 선도자 역할은 더욱더 할 수 없게 될 것이다.

　회장은 회원들이 고민하고 분노하는 시장의 현장을 누비다 보면 더 효과적인 생각이나 해결방안을 깨우칠 수도 있다. 회장은 권한을 행사하는 사람이 아니다. 회원의 아픔과 고통을 함께하면서 회원의 발전과 성공을 위해 노력하는 사람, 회원의 희로애락을 함께 할 수 있는 사람이란 것을 보여줘야 한다. 협회의 노력이 회원에게 순수하게 스며들 것이다. 그 진정성이 회원의 신뢰를 형성하며 회원 스스로 협회에 참여하도록 지원하는 힘이 될 것이다.

8

회원과 높은 수준의
소통이 이뤄져야

조직 활성화나 강력한 경쟁력을 갖춘 조직으로 만들기를 원한다면 방법은 간단하다. 제도적으로 투명하고 정직한 의사결정구조가 이뤄지도록 만드는 것이다. 임직원과 회직자가 협회의 정책과 목표를 설정하게 된 동기나 진행 과정까지도 상세히 알 수 있도록 모든 회원에게 밝히는 것이다. 이렇게 정책을 추진하는 것은 투명하고 정직한 조직으로 회원의 신뢰를 받게 된다.

이런 과정에서 회원과 회직자의 다양하고 다각적 사고를 제시하고, 수용할 부분은 흔쾌히 수용하는 문화가 조성돼야 한다. 소통의 의미와 가치를 증대시키면서 회원을 하나의 공동체로 묶어주는 영향력을 발휘하게 된다. 일반적으로 소통이란 하고 싶은 말을 하고 들어주는 것으로 잘못 알려져 있다. 회장이 나서서 회원의 말을 건성으로 들어주면서 '검토해보겠다', '이해가 간다', '어려움을 공감한다'는 식으로 끝나는 쇼맨십을 소통이라고 우린 잘못 알고 있다.

소통이란 일정한 주제나 산적한 문제를 해결하기 위한 답을 찾아가는 시작부터 마무리까지 전 과정을 고스란히 보여주는 것이라고 생각한다. 회원과 회직자가 직시하는 문제나 위험요소 등에 관한 아이디어와 생각이 도출되어 보여주는 것으로 끝내는 것이 아니다. 도출된 생각을 수용하거나 반영하는 매우 높은 수준의 소통이어야 한다. 즉, 부동산시장의 정책이나 질서 또는 협회 경영에 대해서 회원과 높은 수준의 소통이 이뤄져야 하는 것이다. 이런 높은 수준의 소통을 일상적 조직문화로 만들기 위해서는 회장의 의지와 결단력이 필요하다.

첫째, 투명성을 위한 윤리경영을 제도적으로 규정하여야 한다. 투명하고 윤리적인 조직체제와 시스템이 구축되지 않은 환경에서 회원과 높은 수준의 소통을 이루는 것은 매우 어렵다.

둘째, 조직구조를 혁신하고 새로운 체제로 만들어야 한다. 조직구조가 회원을 통제하고 관리하기 위해 만들어진 구조다. 회원의 목소리를 반영할 수 있는 소통 기능을 차단해 버린 매우 낮은 수준의 관리조직이다. 이런 조직구조를 해체해 서비스 조직으로 바꾸어야 한다.

셋째, 회장이 소명의식으로 제도로 정착할 때까지 집요하고 굳건한 열정과 의지를 보여주어야 한다. 투명한 협회로 만드는 윤리경영을 근본으로 바꾸는 정관 개정과 현재의 관리조직을 해체하고 서비스 조직으로 바꾸는 역사를 이루지 못 하고는 소통도 리더십도 의미가 없다.

9

변화와 소통은
사무처에서 시작된다

회원소통이 잘 이루어지는 조직은 시스템이 잘 정비되어 있다. 회원은 화목하고 시장 공동체로써 공생문화를 만들어 상부상조하며 상호 생산성을 향상시켜 나간다. 시장과 회원의 발전을 위하는 일에는, 국법을 위반하지 않는 한 어떤 위험도 감수하면서 도전하고 성취하는 근성이 있어야 한다. 부동산시장 침입자에게는 철저하게 응징할 수 있는 강력한 힘을 갖추고 대응해야 한다. 또다시 침범할 엄두조차 낼 수 없도록 엄중히 응징하며, 시장과 회원의 안녕을 위하여 늘 준비하며 힘을 축적하여야 할 것이다. 어떤 위기, 어떤 상황에도 신속히 대처할 수 있는 충분한 역량을 갖추고 위기에 대비하는 사무처로 만들어 가는 일이다. 이처럼 견실한 조직은 구성원 결속이 잘되는 만큼 의사결정과 전달도 매우 신속·정확히 이루어진다.

세상이 변하는 속도는 개인이 따라잡기도 벅차게 빠르다. 이런 시대적 변화를 바라보면서도 우린 사반세기 전에 만들어진 정관과 조직구조를 그대로 유지하고 있다. 세상이 변하는 속도와 변화에 적응하고 생존하기 위해서 과감한 사무처혁신으로 상황과 변화속도를 따라잡을 수 있는 역량을 갖추어야 한다. 시장과 정치·사회적 변화에 적응하고 대처할 수 있는 힘을 갖추기에 적합한 목적과 방향을 설정하고 과감한 혁신을 이뤄야만 할 위기에 처한 것이다. 조직의 의사결정이 아무리 빨라도 적시에 실행하지 못하면 의도한 성과를 이룰 수 없게 된다. 결정된 정책을 적시에 실행할 수 있는 건실한 역량을 갖춘 사무처로 만들어야 한다. 혁신은 일회성이 아니다. 사무처의 일상적 업무 자체가 모두 혁신의 과정이 되어야 한다.

리더십의 무지로 회원의 소리가 짓밟히는 사례를 주시하고 깨우쳐야 한다. 사무처는 협회의 목적사업을 달성하기 위한 구체적인 정책을 집행하고 구현하기 위해 존재하는 기구다. 시장과 회원의 번영을 위한 문제와 그 해답을 생성해 내는 곳은 현장에 있다. 바로 회원의 소리에 모두 담겨있다. 시장질서의 문제와 해결 방향, 소비자 권익, 회원의 상황과 그 답이 모두 고여 있는 회원의 소리는 협회에 가장 소중한 자원이다. 이 자원을 얼마나 효율적으로 활용하느냐에 따라 시장과 회원, 그리고 협회의 발전에 지대한 영향력을 미치게 될 것이다.

사무처는 회원의 소리가 모아지고 정리되어 회장과 경영진에 전달하는 통로다. 회원과 회장, 회원과 협회, 조직과 조직 간에 정보를 전달하여 신속한 조직소통을 이어주는 정보의 연결고리다. 시장제도 문제, 회원의 문제, 협회에 관한 회원의 건의나 불만과 욕구 등 모든 것이 모이는 곳이다. 협회가 해결하고 다루어야 할 현안과 답이 모두 있는 곳이다. 이것을 이사회와 총회에 보고하는 것은 시장과 회원의 소리를 전하는 것이다. 사무처의 중요한 책무다.

이처럼 사무처가 소중히 다루어야 할 회원의 소리를 회장과 사무총장은 이사회에 보고하지 않는다. 회원의 소리를 사무총장과 회장이 이사회에 보고하지 않고 차단하는 것이다. 고의는 아니다. 회원의 소리를 간과하는 사무처의 무지에 의해 이뤄지는 상황이다. 임원과 대의원은 지부장회의에서 밝혀진 회원의 소리, 즉 시장과 회원의 실상을 전혀 모르는 채 정책 의제를 다루고 의결하여야만 하는 것이다. 사무처가 임원과 대의원에게서 회원과 소리를 차단하여, 시장과 회원의 실체를 모르는 무지한 임원과 대의원으로 만드는 것이다.

지부장은 지부회의에서 의결되거나 건의키로 한 내용을 사무총장과 회장에게 보고한다. 사안에 따라서 의제로 다루자고 제안하기도 한다. 시장과 회원의 소리를 지부장 회의에서 추출하여 정책에 반영할 것은 이사회 의안으로 상정하고, 사무처의 결정으로 시행할 수 있는 행정적 문제는 즉시 개선하는 회의가 되는 것은 매우 신선하고 진취적인 회의다. 이제껏 지부장회의 기능과 역할이 얼마나 중요한 것인지 그 가치조차 인식하지 못한 무지가 오로지 협회의 관리 목표를 달성하기 위해서 시시콜콜한 것을 지시하고 독려하는 회의로 만들어 버렸다. '회원의 다양한 소리'를 정리하여 의제로 다루고 그 문제를 풀어낼 방법을 찾아내는 회의, 시장과 회원의 문제를 중심으로 정책방향을 제시하는 지부장 회의로 개선되어야 한다.

즉, 지부장회의는 지부장이 회원의 대리인으로 회장과 소통하며 문제의 답을 찾는 생산적 회의가 되어야 한다. 지부장회의가 효율적으로 운영되면 회원의 소리가 신속·정확하게 반영되는 변화를 이룬다. 시급히 해결해야 할 과업의 결정과 그 처리의 완급 사항까지 정해질 수 있을 것이다. 지부장회의가 회원과 시장 발전 방향을 도출해내는 회의로 바꿔야 한다.

사무총장은 지부장회의 내용과 결과, 그리고 후속 조치에 관한 사항을 이사회에 보고할 의무와 책임이 있다(정관에 정해야 할 중한 책무다). 회원의 소리를 이사회에 보고하지 않아 임원이 회원의 욕구와 시장 문제의 실상을 알 수 없도록 차단해선 안 된다. 회원의 소리를 알지 못한 채 협회의 정책을 의결해야 하는 이사들의 입지도 고통스러운 일이다.

10

준비된 이사와 대의원이
효율적 회의로 만든다

'일 못 하는 조직은 회의만 한다', '회의는 짧을수록 좋다'는 회의에 관한 촌평은 어느 조직이든 신선하게 들리고 음미할수록 깊이 공감하게 된다. 협회에서 이사회가 시작되면 의례적인 인사말과 경과보고와 질의와 답변이 이어지고 나면 황금 같은 본안을 다룰 회의시간의 반 토막 이상을 날려 보낸다. 이런 비효율적 회의를 진행하는 방식을 탈피해야 할 것이다. 이사회, 대의원총회가 효과적인 회의로 신속하고 효율적인 결론을 도출하도록 바꿔야 한다.

회의의 효율성과 결과를 도출하는 것은 회의를 주재하는 사람의 역량에 따라 달라진다. 그러나 가장 중요한 것은 회의구성원의 회의 준비와 태도가 결정한다. 회의 안건이 이사회나 대의원총회는 규정상 일주일 전에 도착하도록 되어있다. 이 메일을 이용한다면 더 빠르게 경과보고서와 회의 자료를 볼 수 있다. 문제는 소수 이사와 대의원은 가볍게 읽어보고 덮어버린다. 회원에게는 송구한 이야기지만 과거에는 아예 읽어보지도 않는 사람도 있었다고 기억한다. 소수가 경과보고서부터 의제를 꼼꼼히 살펴보면서 궁금한 부분은 사무처로 내용을 설명하게 한다. 그리고 의문이나 문제점을 찾아내고 그 답을 찾아 고민하면서 깊이 공부하고 참석한다.

첫 번째 사람은 주제는 알고 참여하지만, 자기주장이 없다. 발언을 해도 즉흥적이거나 깊이가 없다. 의사결정 선택은 회의 분위기에 따른다. 두 번째 구성원은 자기 생각이 없거나 엉뚱한 발언으로 회의를 산만하게 만든다. 아니면 아예 침묵하고 눈치나 보다가 의결권조차도 눈치를 보면서 상황에 따른다. 세 번째 구성원은 비수 같은 질문으로 회장이나 사무처를 당혹스럽게 만들기도 한다. 문제의 본질을 정확히 파악하고 문제점을 찾아서 추궁하거나 대안을 제시하기도 한다. 사실상 회의를 주도하는 사람이다. 전체 회의 분위기나 의사결정의 흐름까지도 주도하고 자기주장이 확고하다. 이런 임원, 대의원이 많아야 협회가 건강해진다.

회의비용과 시간도 절약해야 한다. 회의 주체는 생각을 공유하며 좋은 답을 찾기 위해서는 활기찬 소통이 있어야 한다. 효율성과 효과성도 중시해야 한다. 정확히 방향을 정하고 문제의 핵심을 찾아서 효과적인 의결을 도출해 내야 할 것이다. 회의장에서 모든 사안을 토론한다는 것은 가장 비효율적 회의다. 사무처 경과보고는 문서로 대체하고 시간을 절약해야 한다. 의안도 구성원 간에 소통하며 학습과 연구로 사전에 소통하는 것이 생산적이다. 이런 준비는 의안의 본질에 쉽게 접근하고 깊이 있게 논하여 소기의 목표와 성과를 얻어내게 된다. 회의구성원들의 학습과 연구로 준비된 자세가 회의수준과 품격도 높이고 생산성도 높인다.

11

대의원총회는
회원의 보루

　대의원총회는 회원이 선출한 대의원을 통해 정관의 개정, 정책 결정, 예·결산 심의 등 회원이 간접적으로 참여하는 민주주의다. 대의원은 회원이 위임한 권원을 바탕으로 활동하는 대리인으로서 명예로운 사명감을 가져야 한다. 현재 대의원총회는 비민주적 요소나 대의원의 존재 이유를 상실함으로써 제 기능을 발휘하지 못 하는 난맥상에 빠져 있다. 이런 현상은 많은 대의원을 곤혹스럽게 만들고 있다. 기구 운영의 정당성에 의혹이 제기되고 있는 현실이다. 대의원이 분과위원회에서 의결한 안건이 분과위원장단회의에서 의안이 수정되기도 하는 모양이다. 이는 대의원 모두가 신중히 성찰해야 할 문제로 보인다. 회장도 모든 의안은 이사회 의결을 얻어야 한다. 그러나 이사회에서 의결된 안에 관하여 회장이 불만스럽다고 '회장단 회의'에서 수정하거나 변경을 한다는 것은 우리가 상상조차 할 수 없는 일이 아닌가?

　분과위원장단회의에서 다룰 수 있는 범위는 각 분과 위원에서 의결된 내용이 상충되는 경우에 조정하거나 조율하는 수준을 넘지 말아야 한다. 이러한 조율의 문제도 실상은 예산편성에서 나타나는 수치 조정에 한정해야만 할 것이다. 무엇보다 대의원분과의원회의 고유기능을 바탕으로 한 활동과 그 결과에 따른 권원은 엄중히 존중되어야 한다. 각 분과 위원회의 의안이 충돌하는 요소들을 조정하는 수준을 넘는 순간 대의기구 본연의 기능이 훼손되는 것이다. 어떤 이유와 명분도 대의기구와 대의원의 권원과 대표성을 침해해서는 안 될 것이다.

대의기구가 협회에 미치는 영향력은 지대하다. 세밀한 분석을 통하여 '새로운 협회' 건설과정과 그 후에 나타날 수 있는 문제를 살펴서 제 기능을 정당하게 발휘할 수 있도록 권력에 균형을 이뤄야 한다. 권한이 과다하거나 부족해서도 안 된다. 회장, 이사회, 대의기구, 감사의 권력에 상호 공정하게 균형을 갖추는 견제장치를 마련해야 한다. 대의원총회가 회장과 사무처가 원하는 정책이나 방향에 일방적으로 추종하며 지원하는 낮은 수준의 대의기구가 되어서는 안 된다. 칼날 같은 비판기능을 발휘하여 변화의 길을 모색하는 협회를 바르게 지원하는 수준의 대의기구가 되어야 한다. 무엇보다 시급하고 중요한 부분은 감시·감독 기능으로 투명하고 정직한 협회로 강제할 수 있는 기능과 권한을 갖추는 데 있어야 한다.

협회를 조직하려면 어떤 형태든 대의기구가 있어야 한다. 우리 협회도 오랜 세월을 거치는 동안 대의기구와 관련하여 많은 어려움과 문제도 불거졌고, 운영방법 개선을 시도하는 도전을 거듭했다. 그러나 회원들의 요구(여론)를 체계적으로 집약할 수 있거나 반영할 수 있는 시스템을 제대로 갖추지 못 하여 회원과 협회 사이의 소통창구 역할을 하지 못 하는 것이 현실이다.

대의기구가 협회 정책에 관하여 공개적으로 비판과 옹호의 시각이 나뉘어 치열한 논쟁을 벌이는 것도 대의기구의 고유 권한이자 책무라 할 것이다. 대의원이 협회 정책에 관한 찬·반이나 비판과 대안을 제시하는 혁신자로서 회원의 뜻을 대리해 활동하는 것이다. 즉, 회원을 대리해 날 선 비판과 토론으로 협회를 바른길로 가도록 몰아치는 기능을 발휘해야 한다는 점에 이의를 달 사람은 없을 것이다. 대의원고유의 책무이자 권한으로 명시해야 할 것이다

현재 대의기구가 무력한 원인은 대의기구 고유기능인 감시·감독에 관한 '권원 부재'에서 나타나는 제도적 부실함에서 나타나는 고질적 무능이다. 이 부분을 방치한 지 30년이 지났다. 협회의 무능과 권력의 전횡, 무질서, 부정부패 등 총체적 내부부실 문제를 예방하지 못 하는 이유의 하나가 바로 여기에 있다고 단언할 수 있다. 오늘 위기에 처한 협회의 혁명적 변화를 위해서 대의기구가 해야 할 우선 과업은 정의구현과 부정부패 척결, 권력 오·남용 등을 방지할 수 있는 제도적 권한과 힘을 가져야 한다. 그 실질적 감시·감독 기능과 그 구체적 방법을 이사와 대의원이 행사할 수 있도록 정관으로 규정하는 일이다.

12

회원 통합과
유능한 회직자의 육성

협회는 동일직업을 영위하는 사람들이 공통의 꿈을 이루기 위해 만들어진 조직이라 할 것이다. 시장공동체의 경우, 시장 정책이나 환경 변화에 따라 직·간접적으로 상당한 영향을 받는다. 시장의 특성과 환경을 조성하는 것은 정부 당국의 제도와 정책에서 시작된다. 이러한 부분은 아무리 능력이 특출한 사람도 혼자서는 해결할 수가 없는 과제다. 자연히 협회를 통하여 공통의 목표나 숙원사업을 이루어 나가는 것이 현실이다. 협회가 회원이 원하는 것을 이루기 위해서는 도전해야 할 목표가 분명해야 한다. 그 목표가 빨리 이룰 수 있고, 실현 가능성이 높고, 성공의 가치나 성과가 결실이 클수록 회원을 결속시키기가 쉽다. 회원 공통의 목표나 비전은 회원 소통을 활발하게 촉진시킨다. 소소한 내부적 갈등과 분열도 자연치유를 이루어낸다. '네 일이 내 일이고, 내 일이 바로 네 일'이라는 공동체 의식이 만들어 내는 성과다. 즉, 회원 스스로 공생을 위한 공동체로서 가족정신으로 뭉치는 회원 문화를 형성하는 것이다.

그러나 화합과 공동체의 연대 의식을 회원문화로 조성해 이루는 것이 결코 쉬운 일은 아니다. 개인의 이익이나 욕구를 뛰어넘는 큰 이익과 명분, 그리고 새로운 환경이 기대되거나 약속되어져야만 가능해진다. 추진과정에서 구성원에게 가치와 의미가 있는 일을 맡겨 열과 성을 다해 공헌할 수 있는 기회를 조성하는 것도 한 방법이다. 구성원 개개인이 스스로 큰 역할을 했다는 자부심과 참여의 의미와 성취감을 주는 것이다. 자신의 사사로운 이익이 아닌, 회원과 시장을 위한 원대한 비전을 위해서 앞장서 참여해 이루어 낸 자신의 성과다. 회원 개개인의 긍지와 자부심은 그 무엇과도 바꿀 수 없는 소중한 가치고 영예로운 명예다. 평생을 자랑스러운 성취감으로 가슴 깊이 간직할 아름다운 경험과 추억으로 남을 것이다.

강력하고 활기찬 협회로 만들기 위해서는 '협회 일이, 나의 일'이라는 생각으로 참여하고 헌신적으로 봉사하는 회직자가 많아야 한다. 이러한 훌륭한 인재가 저절로 나타나는 것은 아니다. 현실은 회직을 맡는 데는 매우 적극적이지만, 직무를 성실히 수행하는 데는 소홀해질 수밖에 없다. 회직자도 자신의 삶과 업의 생산성 향상이 우선하기 때문이다. 협회가 유능해지고, 본분을 다하기 위해서는 우수한 인재의 선발과 교육이 이뤄져야 한다. 당장 훌륭한 인재를 찾기보다는 가능성 있는 사람을 찾아 훌륭한 인재로 육성하는 것이 현실적이다. 우수한 인재를 영입하고 육성하기 위해서는 재정투자와 각고의 노력을 기울여야 할 것이다.

우수한 인재를 체계적으로 양성하고 보유하기 위해, 소정의 교육과
훈련과정을 만들어 유능한 회원, 회직자를 발굴하고 양성해야 한다.
교육과정에 리더십은 물론, 비즈니스 전반에 필요한 경영지식, 부동산
전문지식, 윤리와 교양 등 고품격 교육과정으로, 대학원 석사과정 이
상의 높은 수준으로 준비해야 할 것이다. 또한, 수강생들에게 자신의
비즈니스와 시장에 대한 비전과 열정 그리고 사명감을 채워줘야 한
다. 회원공동체의 미래와 사회적 책임을 수행할 사명감을 고취해, 정
성으로 봉사할 열정의 불씨가 활활 타오르도록 변화를 주는 것이다.
교육과정이 지도자로서 열정과 사명감을 심어주고, 더 나아가 성장과
자아 발견의 기회를 잡을 수 있는 보람찬 교육이 되어야 할 것이다.
이런 교육과정을 지속적으로 발전시켜 우수한 회직자를 배출하고 '회
직자사관학교'라고 불릴 수 있는 교육연수원을 운영하여야 한다.

13

사무처 직원의
구조 조정 및 인사제도

협회는 목적 사업과 추구할 가치, 그리고 장·단기 목표를 달성하기 위해 적합한 사람들을 채용하고 적재적소에 배치하여야 한다. 인사제도를 투명하고 공정하게 정립하여 논공행상이 투명하고 공정해야 한다. 무엇보다 개개인의 역량에 따라 승진할 수 있는 공정한 인사제도와 인사시스템을 유지·관리해야 한다. 협회는 원칙을 갖춘 공정한 인사제도를 신속히 마련해야 한다. 협회의 인사규정에 공채의 기준과 원칙이 사라진 지 이미 오래되었다. 협회가 유능한 인재를 충원하기를 포기한 것이다. 인사의 가치와 의미를 모르는 무지서 비롯된 현상이다.

일부 회원이 우려하는 직원채용의 과다문제는 우선 인사제도를 재정립하고 준수해야 한다. 적재적소에 인력을 배치하고 직무와 지위에 필요한 교육으로 역량을 배양시켜 재배치하면 크게 문제가 될 것은 없을 것이다. 교육과 훈련으로 인재로 바꾸는 노력이 있어야 한다. 자신에 부여된 직무나 과제는 끝까지 성취해내는 근성이 있는 사람, 어려운 일이나 험한 일에도 기꺼이 도전할 수 있는 사람들은 재교육으로 새로운 인재로 양성하자는 것이다.

일부에서 구조조정에 관해 수시로 거론하는 것도 직원에게는 가슴 아픈 일이다. 일반적으로 구조조정은 직원의 대폭 감원을 의미한다. 그러나 올바른 구조조정은 인원 감축이 목적이 아니다. 잘못된 조직구조를 정비하고 직원의 특성과 역량에 따라 적재적소에 배치하는 것이 실질적인 구조조정의 의미라고 생각한다. 솔직히 현재의 관리조직에서 서비스조직으로 바꿔서 '회원서비스' 생산성을 높이려면 더 많은 인재와 인력이 필요하게 될 것으로 전망된다.

관리조직에서 서비스 조직으로 바꾸는 의미는 혁신이다. 회원의 욕구와 필요에 부응하면서 다양한 서비스 활동을 활발하게 전개하면서 '회원을 돕는 조직'으로 바꾸자는 것이다. 직원의 수요예측을 단언할 수는 없으나, 제공하는 서비스부문이 다양하고 활발할수록, 회원의 수요가 확장되고, 회원의 호응이 높아질수록 직원의 충원이 필요할 것이다. 비용의 문제는 별개다. 생산수요에 따른 채용은, 생산 활동에서 나타나는 재화와 가치로 충당이 가능하다.

14

직원 공동체 문화와 노동조합:
직원이 파수꾼이다

협회 사무처 직원에게 가장 심각한 문제의 하나로 직원들의 공동체 의식 결여를 꼽아야 할 것이다. 상호 소가 닭 보듯 한다. 동료가 부당한 문책이나 징계를 당하거나 심지어 부당해고를 당하여도 남의 일처럼 수수방관한다. 나에게 비수가 꽂히지 않으니 다행이란 태도를 보인다. 인사제도가 부실하고 부당한 것을 가장 치열하게 느끼고 개선을 요구할 사람도, 개선하여야 할 점과 어느 부분이 얼마나 잘못됐는지도 가장 잘 알고 있는 사람이 직원이다.

이런 부당한 인사제도를 개선하기 위한 직원들의 생각이나 움직임은 창립 이래 단 한 번도 보여주지 못 했다. 사반세기가 넘도록 바라만 보고 있었다. 두려운 것이다. 움직이는 순간 자신에게 무자비한 비수가 날아들까 두려운 것이다. 그 두려움이 협회를 망치고, 자신을 망치고, 팔만 회원가족을 망치는 것을 알면서도 침묵하고 있다. 협회의 부정부패나 전횡이 나타나는 것은, 사무처 직원이 본분에 충실한 상황에서는 이루어지는 것이 불가능한 것이다.

　사무처 직원이 모르는 불법과 부정부패가 발생할 수 없다. 이런 점에서 사무처는 상당한 문제가 있고, 직원들은 스스로 그 답을 찾지 못 하고 있다. 답은 매우 간단하다. 직원 공동체로서 직장과 자신을 지키기 위해 하나가 되어야 한다. 정의와 민주가 숨 쉬는 참 노동운동을 전개하여야 한다. 이 두 가지 과업과 참 노동운동을 이루어내면 직원의 신분과 미래가 안정되고, 협회와 회원의 미래도 시원하게 뻗어 나간 고속도로처럼 성장을 구가할 것이다.

　사무처 직원은 직장 공동체 사회다. 직원의 화합과 단결로 하나 된 노동운동을 바탕으로 직원 개개인의 안정된 신분과 자아를 추구하는 건강한 직장이어야 한다. 공통의 비전을 향하여 상호 존중하고 격려하면서 함께 도전하는 형제자매와 같은 조직문화를 형성해야 한다. 동료로 뭉쳐서 일을 한다는 의식이 진정한 직무 동기를 부여하고, 협회 발전은 물론 회원과 시장의 문제도 깊은 관심과 애착을 갖게 만든다. 직장에서 고통과 즐거움을 함께 나누며 부당한 처분이나 억울한 위기에 빠진 동료를 내 형제처럼 돌보고 함께 극복하는 공동체의 의미와 가치, 그리고 그 힘의 위용을 스스로 확인할 것이다. 직원의 부당한 해고나 징계에 대해서는 노조가 공동으로 대응하여 승리를 이루어 내야 한다. 한 번만 성공하고 나면 노동조합은 결속할 것이다. 모래알 조합에 필요한 시멘트와 물을 공급한 효과를 나타낼 것이다.

협회의 파수꾼으로 부정부패나 비리에서 내 직장을 지킨다는 긍지와 자신감도 생길 것이다.

이러한 성공을 경험하고 나면 노동운동의 목적과 방향에 대한 확고한 자신감을 주게 만든다. 하나 된 공동체로서 기쁨을 나눌 수 있고, 어려울 때 힘을 모아줄 동료가 있다는 것보다 더 큰 행복이 있을까? 이런 공동체 조직문화는 직원의 삶의 공간이자 직장인 협회가 정직하고 공정하게 운영되고, 투명하게 집행되는지 감시하는 파수꾼으로 나서는 조직문화를 자연스럽게 조성한다.

15

교육은
가장 값진 투자다

회원 대다수는 자기계발을 위한 학습에 매우 열중한다. 자신의 삶과 미래를 위한 일이다. 협회는 회원과 직원의 자기계발 학습이 바로 협회역량을 강화시켜주는 동력이란 점을 깊이 유의해야 한다. 국가와 기업이 꾸준히 교육에 투자하며 정성을 다하는 것도 이런 효과가 나타나기 때문이다. 협회는 교육에 과감히 투자하고 인재육성을 위한 직무교육, 전문교육, 윤리교육, 리더십 등 다양한 과정의 교육시스템을 갖춰야 한다. 그리고 정기교육, 연수교육, 수시교육 등으로 구분하여 체계적으로 직원과 회직자의 자기계발을 지원하기 위해 진력해야 한다.

교육은 그 성과가 시작과 동시에 나타나는 것은 아니다. 조금은 긴 기간이 지나면서 서서히 업무에 효과가 나타나기 시작하는 것이다. 회직자와 직원이 자신도 모르게 스스로 변하는 과정에서 나타나는 현상이다. 이러한 교육 효과를 체험하거나 매력을 알게 된 회직자와 직원들은 스스로 자기계발에 몰입하게 된다. 관심분야와 다양한 지식을 공부하고 협회 문제에 관하여 통찰하고 답을 찾아가는 고행도 기꺼이 하게 된다. 협회가 이런 회직자와 직원에게 투자를 하는 것은 매우 효과적이고 값진 투자다. "고기도 먹어본 사람이 잘 먹는다."라는 말이 있다. 교육도 마찬가지다. 교육 효과를 경험해 본 사람이 자기계발에 더욱더 매진하게 된다.

자신이 노력한 결과로 발전과 성취를 이루어 본 경험과 사례를 후배나 동료에게 전해 주어야 한다. 협회는 자기계발로 발전한 사람을 크게 표창하거나 인사에 가산점 부여 등을 통하여 직원들에게 선망의 대상으로 만드는 것도 교육의 동기 부여를 위해서 바람직한 일이다. 협회에 교육을 전담하는 교육연수원을 설립하고 직무와 전문교육 등으로 자기계발에 관한 깊은 욕구를 자극하며, 학습과 자아계발을 일상화하는 학습문화를 조성해나가야 할 것이다.

확고한 비전을 가진 지도자일수록 자신과 회원의 미래를 결정하는 부동산시장의 발전을 위해 열정적으로 도전할 수 있는 인재를 찾게 된다. 회원 공동체를 위해서 시장제도를 바꾸고 허술한 환경을 개선할 인재들이 필요한 것이다. 목적달성을 위해서 학습하고 준비하는 사람, 기필코 이루겠다는 일념으로 성공할 때까지 도전하는 열정적인 인재를 원하는 것이다. 조직이 어려울수록 문제를 수습하고 전열을 가다듬어 나갈 사람은, 결국 유능한 인재들이다. 교육은 가장 근

본적이고 값진 투자다. 회직자·직원의 교육을 시작하는 것이 혁신의
시작이다.

16

준비 안 된 지도자가
조직을 망친다

"낫 놓고 기역 자도 모른다."라는 우리 속담이 있다. 단체의 실상도 모르는 사람들이 거대한 조직이나 단체의 장을 맡겠다고 나서고 당선되기도 한다. 준비가 안 된 리더, 모르는 리더가 할 수 있는 일은 거의 없다. 리더십의 기본 소양은 학습과 실무를 통해 사다리를 오르듯 한 단계씩 오르며 차분히 학습하고 준비하는 것이다. 리더십이 하루아침에 거저로 만들어지는 것은 아니다. 오직 표를 얻기 위한 학력·경력 쌓기와 선거조직에 집중한 사람에게서 많은 문제가 발생한다. 인재를 선출에 의존하는 협회나 조합에서 나타나는 고질적인 어려움이다. 조직의 사명과 방향조차 모르는 리더십 해악은 너무 크다. 더구나 책무를 다 하는 봉사자가 아니라, 지위를 차지하는 것이 목적인 사람일수록 폐해가 더욱 커진다. 자기 철학이나 가치관도 없이, 지위와 권력을 탐하는 무지와 욕심이 8만 회원을 위기로 몰아치는 것이다.

우선, 목적지를 모르는 선장은 목적지로 가는 것이 불가능하다. 이런 사람이 지도자로 선출되는 순간 조직은 쇠락의 길로 치닫는다. 목적지를 모르는 조직은 제자리에서 허둥대거나 맴돌게 되고, 방향을 잃은 조직은 내부적으로 큰 혼선과 파열음이 나타난다. 목표 상실이다.

둘째, 목적지는 알아도 길을 모르는 선장은 목적지에 이르기가 어렵다. 어쩌다 운이 좋아 목적지에 도착한다 해도 조직이 원하는 올바른 목표를 달성하는 것은 하늘에서 별 따기다.

셋째, 목적지와 가는 길은 알아도 배가 없거나 망가진 배를 수리할 능력이 없는 선장이다. 목적지에 도착할 수가 없다. 모든 일에는 시기와 수단이 중요한데 수단마저 상실한 것이다.

집권자의 철학과 가치관은 조직의 향배를 가름 하는 기준이 된다. 조직의 목적을 달성하기 위한 과정과 방법에서 집권자의 가치관은 고스란히 나타난다. 집권자는 현실을 갈파하고 궁리해서 목표 달성에 가장 효율적인 방법을 선택해야 한다. 우선, 운송수단(조합, 협회)을 효율적으로 재정비하는 것이다. 다음은 운송수단의 역량 극대화를 위한 전략으로 회원과 유연하게 소통하며 운용해야 한다. 목적지로 가는 길에서 나타날 수 있는 다양한 변수와 위험요소에 관해서도 신속하고 효과적으로 대처할 수 있는 세심한 준비와 지혜가 따라야 한다.

우리가 가장 궁금한 것은 집권자의 나침반이다. 톨스토이는 "길을 걸어가려면 자기가 어디로 가는지 알아야 한다."라고 말했다. '지도자가 무엇을 하는가'도 중요하지만, '회원과 시장을 어느 방향, 어느 길로 이끌어 가고 있는지'가 가장 중요한 관건이다. 회원과 시장의 미래를 담보할 신천지로 가는 길은, 발자국 옮길 때마다 지뢰밭을 건너는 것처럼 냉철한 지혜와 용기가 필요하다. 부동산시장의 불황과 소비자의 부동산에 관한 인식변화는 회원의 삶에 매우 부정적 영향을 미친다. 지금 당장 회원에게 희망을 주는 묘책이나 대안을 찾아내는 것이 곤혹스런 것도 사실이다. 그러나 아무리 정치·사회·경제적 문제들이 장애물로 나타나더라도, 지도자는 이를 극복하고 바른길을 찾아 희망찬 미래로 가야 할 시대적 사명을 수행해야 한다.

현재 턱없이 부족한 것은 훌륭한 인재다. 협회는 목표와 가야 할 길, 그리고 수단과 방법을 아는 지도자와 직원을 양성하기 위한 교육시스템을 갖추고 우수한 인재육성에 충실해야 한다. 협회의 목적과 개념도 정립이 안 된 사람이나 현실에 무지한 사람이 회직자로 나서는 일이 일어날 수 없는 체계적인 인재육성시스템도 갖춰야 한다. 어려운 일도 아니다. 회원들 대다수가 경륜을 갖춘 인재들이다. 그들이 협회 역사와 경영, 직무에 관한 교육과정을 학습하고 준비할 수 있도록 지원하면 되는 일이다. 교육으로 준비된 인재들이 모여 '회원을 위한, 회원을 돕는' 것을 목적으로 하는 '새로운 협회'를 만드는 청량한 힘으로 나타나게 될 것이다.

17

지도자의 길,
공부하고 준비하는 길

'문제를 해결하겠다'는 열정만 차 있고 방법은 모르는 사람과 문제의 근원을 찾아 해결방법과 실천 역량을 갖춘 사람과는 하늘과 땅 차이다. 문제의 본질을 모르며 말로만 문제를 해결하겠다고 위선 하는 사람들이 사라져야 한다. 기업이나 단체가 제도를 아무리 잘 만들어도 문제는 발생한다. 대부분 기업과 조직에서 반복적으로 나타나는 문제는 제도에서 나타나는 구조적인 문제다. 기업의 경우는 신속히 원인을 파악하고 즉시 개선해 나간다. 그러나 협회나 조합들은 대부분 문제의 본질을 찾아 개선하기보다는 문제를 봉합하는 수준의 미봉책을 찾아서 급급해한다. 그리고 또다시 문제가 재발하고 미봉책으로 넘어가는 것을 반복한다.

우리 협회의 제도와 시스템은 벌써 폐기했어야 할 정도로 망가져 있다. 지난 1995년에 시작되어 20여 년간 끊임없이 지속되는 분쟁과 송사, 그리고 무능·무력한 협회로 이어지는 것은 분명 제도에서 나타나는 근본적 문제가 분명한데, 그 원인을 찾아 해결하려는 사람을 찾아볼 수 없는 것이다. 끝없는 제자리걸음이다. 변할 수가 없는, 발전할 수가 없는 원인이다.

협회가 제도적으로 아무리 잘 정비되고 운영되고 있어도 그 운용하는 사람에 따라서는 조직 전체에 지대한 영향을 미치게 된다. 제도의 부실함을 이용한 부당·불법한 권한 행사나 부정부패를 즐기거나 사익을 취하는 파렴치한 세력에게서 나타날 수 있는 고질적 폐해다. 그러므로 조직 갈등이나 회원의 분열을 해소하고 단결해서 개개인의 목표를 달성하는 공동체로 묶어지도록 앞장서서 이끄는 리더십이 발휘되어야할 상황이다. 협회가 교육에 관한 비중이 어느 때보다 커질 수밖에 없는 이유이기도 하다. 인재육성과 교육은 혁신의 핵심 관건이다.

성공한 리더십을 발휘하기 위해서는 공부해야 한다. 회장은 물론 회원, 회직자, 직원이 공부하는 것은 모두 자신을 위한 것이다. 비즈니스나 직무수행에 관하여 턱없는 자신감으로 무모하게 덤비면 덤빌수록 더 큰 어려움을 겪게 되는 경우를 우리는 종종 목격하거나 스스로 경험하게 된다. 봉사를 하려는 회직자일수록 겸손하고, 깊이 있는 학습으로 준비를 해야 한다. 협회의 역사와 업무에 관하여 모두 다 안다고, 자만하거나 학습을 게을리 해선 결코 안 된다. 늘 부족한 마음, 겸손한 마음으로 일상적으로 공부하고 연구해야 한다. 성공의 가장 큰 적은 무지와 방심이다. 자신을 위해 공부하는 것, 그것이 회원과 협회 변화의 동력으로 이어진다.

18

지도자는 필요한 학습과 준비를 갖춰야

협회가 인재를 영입하거나 육성하는 일은 조직의 흥망을 가름하는 영향력을 미친다. 우수한 인재들이 많을수록 성장의 동력이 충만해진다. 소비자중심의 시장발전을 위하여 협회의 목적과 사명에 충실한 것이 바로 회원을 위하는 길이다. 그러나 선출직에서는 우수한 인재가 선출되기보다는 그렇지 못한 경우가 나타나는 것이 오늘의 현실이다. 그러므로 권력자의 권한과 책무의 균형을 맞추고 특히 청렴의 의무도 강제하는 민주제도가 요구된다. 민주주의 가장 큰 단점은 훌륭한 인재만을 선출할 수 없다는 점이고, 가장 큰 강점은 아무리 나쁜 사람이 선출되어도 나쁜 짓을 할 수 없도록 하는 제도라고 한다. 감시·감독 기능 강화와 권한과 책무에 균형을 갖추는 것이 제도 변혁의 핵심이 되어야 한다.

우린 선거를 통한 회장 선출에 근 이십여 년 동안 실패를 거듭해왔다. 협회 내부문제로는 민주주의 제도의 핵심기능이 권력과 책임의 균형성과 투명성이 결여돼 있다. 조직구조와 경영시스템이 허술하고 우수한 인재도 찾아보기 어려운 것이 현실이다. 이 시대는 전문지식과 경험으로 만들어진 지식을 소중히 하는 지식정보 시대다. 이런 시대에 일부 회원과 회직자는 '회직자 피선거권' 자격을 정한 기준이 부당하다는 난감한 목소리를 내고 있다. 지난 몇 년간 규제를 풀어야 한다는 경제권과 사회여론이 비등하다 보니, 규제는 무조건 나쁜 것으로 치부되는 것 같다. 그러나 규제는 필요한 것이다. 좋은 규제는 강화하면서 나쁜 규제는 제거해야 한다. 자격요건을 갖추도록 한 피선거권 제한이 나쁜 규제라고 주창해선 안 된다.

조직 체계화와 회직자 학습이 절실하다. 피선거권 자격요건을 나쁜 규제로 보는 시각이 시장과 회원의 미래를 위한 태도일까? 누구를 위한 피선거권 자격요건 철폐인가? 전혀 역량이 없어도, 준비가 안 된 사람이 지휘봉을 가져도 좋다는 주장이 된다. 이런 요구가 고대 아테네에서는 추첨제나 윤번제로 지휘봉을 맡기는 상황이 나타났다. 모든 관리의 선출이나 법정구성은 추첨제로 결정되었다. 추첨에 따라 무능하든 유능하든 돌아가며 관리가 되는 것이다. 개인적으로는 공평한 일이고 영예로운 일인지 몰라도 국가는 망가져버린 것이다. 이런 정치가 바람직스런 제도일까? 고대 아테네가 멸망한 이유 중 하나로 꼽힌다는 사실을 깊이 유의해야 한다.

19

‘청년회의소 지도자 선출 제도’에
답이 있다

훌륭한 지도자 선출 제도를 갖춘 사례로 사회봉사단체 JC(청년회의소) 사례를 살펴보자. 지역 회장 후보 등록 요건을 살펴보면, 회장 후보자 1차 등록 때에는 회장 피선거권 요건으로, 만 5년 이상 정회원을 유지하고, 선출직 임원 24개월 이상 봉사경력, 3단계 교육(임원교육)을 이수한 자로 한정하고 있다. 단 1차 등록 시기에 이러한 요건을 갖춘 후보가 없을 때에는, 만 60개월 이상 재적한 자로, 선출직 12개월 이상 역임한 자로 하고, 3단계 교육(임원교육) 이수 의무 요건도, 2단계(일반교육) 이수로 가능하도록 완화하고 있다.

지역 회장 피선거권 요건을 보면, 오랜 역사와 전통, 그리고 영예로운 단체의 회장으로서, JC 조직을 이끌어갈 수 있도록 단계별로 부문별로 충분히 경험하고 학습하며 준비하도록 규정하고 있다. 회장 후보가 되기 위해서는 부문별 교육과 직무 경험을 통하여 살아있는 지식과 경험을 갖추고, 조직의 현황과 방향을 인식하고 있어야만 피선거권이 주어지도록 정하고 있다. 회장으로서 정책을 수립하고 실천할 수 있는 역량과 리더십을 갖추도록 교육과 실무를 통해서 자연스럽게 리더십이 갖춰지도록 만들어진 매우 우수한 인재육성·선출 시스템이다.

이처럼 JC 회장은 그 누가 하루아침에 낙하산을 타고 나타나거나, 현란한 말이나 공약만으로 표심을 얻어서 당선될 수가 없는 것이다. 스스로 봉사하며 공부하고 준비하지 않은 사람은 그 누구도 JC 회장이 될 수가 없다. 이런 후보자 요건은 많은 단체의 선거에서 나타나는 부정적 현상을 타파할 수 있는 탁월한 제도라 할 것이다. 즉, 조직의 목적과 역사, 그리고 조직이 처한 현실에 대한 통찰과 대안도 없이 과대망상이나 자리를 과시하려는 탐욕에 빠진 사람이 선출되는 것을 사전에 거르게 된다. JC 공동체에 리더십 위기를 방지하는 시스템이다.

어느 단체든 회장을 선출하는 것은 맹목적으로 누구든 아무나 선출만 하자는 데 의의가 있는 것은 아니다. 회장의 선출 목적은 공동체의 현실을 타개하면서 미래를 개척할 진취적인 리더십을 찾기 위한 것이다. 회장이 공동체를 이끌어 가는 데 필요한 다양한 소양, 전문지식, 경륜, 그리고 사명감과 비전으로 준비된 사람을 선출하는 데 있다. 공동체 조직이 추구하는 이상과 목적을 달성하는 데 헌신적으로 노력할 지도자를 선출하는 것이 바로 목적이다.

JC는 지도자로서 자격과 경륜을 갖추고 회장의 소임을 다할 준비가 된 사람만이 회장의 후보로 경선에 나설 수 있도록 만든 것이다.

물론 이런 준비를 하는데 회원에게는 아무런 제약이 없다. 청년회의소 회원은 체계적인 3단계의 교육을 받는다. 1단계는 신입 회원에게 실시하는 훈련원 교육, 2단계는 기존 회원 연수교육, 3단계는 임원연수교육이 있다.

이렇게 회원 모두에게 필요한 교육을 실시하고 부문별로 경험하면서 JC의 사명과 목적이 일상화되도록 조직문화를 조성해 유지하는 것이다. JC가 추구하는 목표를 달성하기 위해 충실하게 준비된 회장을 선출하는 방식에 대하여 JC 회원들은 자랑스러운 제도로 믿고 자부심을 가질 것이다. 이런 교육시스템은 JC 회원을 국가와 사회단체에서 훌륭한 지도자로 활동할 수 있도록 훌륭한 리더십의 인재를 배출한다. 그 결과도 사회적 성과로 나타나고 있다.

이처럼 체계적이고 합리적인 JC의 교육과 임원선출방식에서 우리 협회도 충분히 장·단점을 연구하고, 그 장점에 관해서는 선출직 회직자의 선거제도에 벤치마킹하여 실천해볼 가치는 충분하다. 회원에게 준비되고 검증되어 충분히 훈련되어 있는 훌륭한 회직자를 선출할 수 있도록 그 기준을 정함으로써 협회 본연의 비전과 목표를 달성하고, 정치·사회적으로 존중받는 비영리단체의 모범이 되는 단체로 성장하는 전환점을 제공할 수도 있을 것이다.

'새로운 협회' 만들기

　‘새로운 협회’를 성공적으로 건설하고 발전시키기 위해서, 실현 가능하고 지속이 가능한 전략을 만들기 위해서 왜 새로운 협회를 만들고자 하는가? 새로운 협회는 무엇이 다른가? 어떻게 새로운 협회를 만들 것인가? 새로운 협회는 어떤 역량이 필요한가? 어떤 경영시스템이 필요한가? 하는 이 다섯 가지 질문에 대해 통합적인 답을 회원에게 내놓아야 손쉽게 이해할 수 있다고 생각되었다. 스스로 질문하고 생각하며 방향을 정리해 보았다.

1

'새로운 협회'로
만들어야 할 이유

'새로운 협회'로 바꾸자는 것은 협회의 목적과 비전을 성취하기 위한 기능과 역량을 강화하는 데 있다. 시장에서 회원의 업무영역과 권익 수호는 물론, 궁극적으로는 부동산시장에서 '소비자 보호'라는 책무를 다하고 국가 경제와 사회에 이바지하는 전문 직업으로 이끌어 나갈 수 있는 협회를 만들자는 것이다. 목적과 비전을 정의하고 그 실현을 위한 정책과 사업을 실현시켜 나갈 역량을 갖추는 데 그 목표가 있다. '새로운 협회'를 건설하는 변혁적 변화를 위해서는 무엇보다 우선, 회원에게 무엇을 주어야 할지, 시장을 어느 방향으로 이끌어 나갈지, 어느 부분을 중심으로 회원의 비즈니스 영역을 확충해 나갈 것인지 그 정책 방향을 분명히 하고 시작해야 할 것이다. 성공을 위해 반드시 짚어야 할 과정이다.

우선 협회의 목적과 목표, 새로운 협회를 만들고자 하는 이유를 명확히 정의할 수 있어야 한다. '새로운 협회를 만든다는 것'은 사람에 따라서, 상황에 따라서, 그 개념이나 정의가 달라질 수도 있다. 그러므로 우선 협회의 주체인 회원이 원하고 생각하는 '새로운 협회'가 무엇을 의미하는지 찾아내고 그것을 명쾌히 규정하고 출발하여야 한다. 또한 회원에게 그 결실로 얻어질 성과를 이해하기 쉽게 설명할 수 있어야 '새로운 협회' 건설에 효과적인 전략을 수립할 수 있을 것이다.

'새로운 협회'를 만드는 목적과 그 의미와 가치가 무엇인지 정의할 수 없거나, 누구나 이해하기 쉽게 설명할 수 없다면 '새로운 협회' 건설을 위한 준비가 전혀 안 된 것으로 봐야 한다. 이것은 청사진과 시나리오가 없는 거짓말로 회원을 회유하는 것이다. 시작부터 회원을 기망하는 것이다. 혁신의 주체는 자신의 머릿속에 있는 협회의 비전과 이루고자 하는 가치를 청사진처럼 한눈에 바라볼 수 있도록 회원에게 설명할 수 있어야 한다. 또한, 상세한 시나리오와 일정제시로 실현 가능성을 공개하며 신뢰와 공감을 얻어야 한다. 새로운 협회를 건설하는 과업에 회원과 함께 할 수 있는 회원의 공감과 참여를 이끄는 기반이 될 것이다.

'협회'의 목적은 회원의 권익신장과 발전, 시장의 거래질서 확립으로 소비자의 권익보호, 그리고 부동산시장 발전으로 국가 경제에 기여함에 있다고 정의될 것이다. '새로운 협회'의 비전은 단순하고 명쾌하다. 그 무엇보다 '회원을 돕는 협회'로 만드는 것을 그 기본으로 한다.

1) 회원의 니즈에서 시작해야

새로운 협회를 만드는 일은 회원의 필요가 무엇인지 파악하는 일에서부터 시작하는 것이 협회의 변화 방향을 찾아나서는 것보다 훨씬 더 효과적이다. 회장은 회원의 눈높이와 같거나 더 낮은 자세로 회원을 만나야 한다. 그들의 고통도 행복도 함께 나누면서 하나가 되는 공감과 소통을 이루어내야 한다. 그런 자세와 태도가 부동산시장과 협회경영 전반에서 나타나는 문제에 대해, 회원의 입장에서 풀어야 할 방향과 목표를 찾아낼 수 있다. 이 과정에서 '새로운 협회'로 만드는 것이 무엇을 의미하며 목적이 무엇인지 설명해야 한다. 협회의 궁극적 목적은 회원의 만족과 행복을 돕는 일이다. 그러한 목표가 무엇을 의미하는지를 분명하게 밝혀야 한다. 바로 이 목적과 목표에서 회원 공동체의 비전과 미래가 나타나야 한다.

혁신 주체는 '새로운 협회'로 만드는 것이 무엇인지, 그 실체를 청사진으로 보여주고 구체적인 일정과 시나리오까지 밝혀서 회원의 신뢰와 참여를 이끌어내야 성공할 수 있다. 그리고 전략의 수립과 실행을 위해 치밀하게 준비해야 한다. 비전을 이루기 위한 목표를 실현할 정책과제를 설정해 추진해야 한다. 어떤 단체나 조직도 모든 분야에서 하루아침에 모든 것을 얻어낼 수는 없었다. 우리가 '새로운 협회'로 건설하는 것은 '회원의 행복'을 추구하는 협회의 목적과 비전을 달성하기 위한 제도와 시스템을 갖추고 그 역량을 강화하는 데 있다.

시장에서 회원의 비즈니스 영역 수호와 확장은 물론 '소비자 보호'를 위한 시장으로 바꿔 국가 경제와 사회에 이바지하는 전문시장으로 만들어내는 것은 역사적 변화다. 이처럼 새로운 변화를 추구하는 '새로운 협회'를 건설하면서 회원에게 무엇을 주어야 할지, 시장의 변화를 어느 방향으로 이끌어 나갈지, 어느 부분을 중심으로 회원의 비즈니스 영역을 확충해 나갈 것인지 그 방향과 영역을 정해야 한다. 회원과 시장의 승리를 위해 거쳐야 할 과정이다.

2) 과정의 정당성

새로운 변화를 추구하는 데 있어서 가장 중요한 부분은 '새로운 협회' 건설을 위한 과정의 정당성이다. 다른 생각을 가진 사람들과 경쟁하는 것이 아니라 이해와 소통으로 그들과 함께 갈 수 있도록 손을 잡아 보듬어주는 지혜다. 이 부분이 '새로운 협회' 건설의 과업을 이루는 데 가장 중요한 핵심요소가 될 것이다. 회원을 공동체로서 하나로 묶어내고, 하나의 목표를 향하도록 이끄는 통합의 리더십, 화해와 관용으로 공동체의 길을 찾는 원대한 리더십이다.

새로운 변화를 이루기 위해선 변함없는 전략을 유지해야 한다. 여기에 무엇보다도 중요한 것은 회원과 회직자, 그리고 사무처가 함께 가야 한다. 시장의 비즈니스 영역을 침범하려는 강력한 세력에 맞서 극복하는 것은 물론, 소소한 시장 변화나 현안을 넘어서 진정 '새로운 협회'가 어떻게 해야 회원에게 삶의 질과 사회적 입지를 증진되도록 할 수 있을 것인지, 그리고 그에 따라 무엇이 수반되고 해결해 나가야 하는지 명확한 그림을 보여줘야 할 것이다.

예를 들어, 우리 협회는 수직적 관료체제로 주기능이 회원관리를 목적으로 조직되어 있다. 회원관리를 목적으로 함으로써 회원이 협회의 주체나 목적이 아니다. 단순히 관리의 대상으로 전락해버린 것이다. 이런 체제에서 회원이 존중되거나 주체가 될 수 없다. 바로 이런 근본적인 문제를 바꾸자는 것이다. 회원 '관리 조직' 체제를 회원 '서비스 조직'으로 시스템을 바꾸는 것이다. 이런 변화는 협회의 기능이 회원 서비스를 중심으로 작동하도록 만든다. 또한, 회원의 권익이 실현되고 회원을 존중하는 조직으로 변하게 된다. 즉, 회원을 돕는 조직으로 변하게 되는 것이다.

2

새로운 협회
무엇이 다른가?

 '새로운 협회' 건설이 무엇인지 정의를 내렸다면, 그다음으로는 어느 영역에서 무엇을 어떻게 바꾸어 혁명적 변화를 이루고자 하는지 그 변화의 대상과 범위를 명확히 제시해야 한다. 변화를 추구하는 모든 단체나 조직들이 실패하는 가장 큰 원인 중의 하나가 바로 이 부분이다. 막연하게 혁신을 하자는 절박감만 있고, 구체적 변화의 방향이나 목표를 설정한 청사진도 마련하지 못한 채 서둘러서 변화를 추진한다. 방향과 목표가 없으니 당연히 실패를 하게 된다.

 우선 목적을 분명히 하여야 한다. 협회의 존재 이유이자 추구해야 할 불변이 가치다. 회원과 소비자, 시장, 그리고 소비자와 국가와의 상호관계도 정립해야 할 것이다. 둘째, 협회의 제도와 시스템의 개혁이다. 회원이 신뢰하는 민주제도다. 투명하고 정직한 협회, 부정부패가 사라진 조직으로 만드는 일이다. 셋째, 시장의 시대적 환경을 수용하면서도 변화를 이끄는 일이다. 당면한 현실 문제를 넘어서 다가오는 시대를 통찰하고 만들어 나가는 일이다.

세상에 어떠한 조직이나 기업도 어떤 분야에서든지, 그 누구에게서나 모두 성공할 수는 없을 것이다. 따라서 어디에서 무엇을 할 것인지 그 범위를 정할 필요가 있다. 협회가 집중할 수 있는 영역을 최대한 좁혀서 성공의 기회를 잡아야 한다. 이기기 위한 집중은 필수조건이다.

어느 곳에서 경쟁할지 정하는 것은 진출이나 확장이 가능한 영역들과 그 영역의 차이점을 잘 이해하고 선택해야 할 것이다. 이는 회원, 서비스, 유통과정, 서비스 수준, 제도와 정책 등에서 최적의 상태를 선택하는 문제다. 이러한 요소들은 상호 시너지 효과를 낼 수 있고 회원의 실질적 성장과 욕구를 충족시켜 주는데 유익한 효과를 발휘할 수도 있다. 지속적 선택을 유지하는 것도 중요하지만, 선택적 요소를 최적화시켜 기회로 바꾸는 방안을 마련해야 할 것이다. 이것은 회원과 당면한 경쟁자, 규율과 질서가 부실한 시장, 협회의 역량 등을 정확히 이해하고 있어야만 가능하다. 또한, 통찰과 궁리로 창의적 사고가 수반되어야 할 것이다.

다음 질문에 대한 대답으로 선택된 내용들은 단순·명료하게 회원에게 답하고 보여줄 수 있어야 한다. 마치 그림으로 보여주듯이 쉽게 이해할 수 있어야 한다.

1) 어디에서 경쟁력을 키워 나갈 것인가?

'시장의 어느 부분에 참여하고 확장할 것인가'를 결정하는 문제는 '회원과 협회가 부동산시장에서 어느 영역을 수호하고 확장할 것인지' 전체를 보고 큰 그림을 그리는 작업이다. 협회가 주관하는 회원의 비즈니스 영역이 어디까지인지, 어느 부문에서 경쟁하고 승리할 것인지 분명하게 인식하는 것은 매우 중요하다. 또한, 기존 영역을 뛰어넘어서 어느 영역에 진출을 도모하고 준비해야 할 것인지, 깊이 연구하고 준비하는 일은 매우 중대한 과업이다.

새로운 영역에 진출을 위한 우리의 도전은 자연스런 진입방식이 중요하다. 그러나 정부 당국의 정책과 사회적 합의가 이뤄져야 한다는 전제에서만 가능한 경우도 있다. 이러한 전제를 이뤄내기 위해서 협회는 공익적 자세와 지속적인 사회공헌 활동에 참여를 일상화를 이뤄야 한다. 국가·사회로부터 존중받는 시장으로 정착시키는 일이다. 또 하나는 개인사업자로 이루어진 대다수 회원의 변화가 이루어져야 한다. 회원 개개인의 전문 및 관련 지식 함양과 폭넓은 자아개발로 전문 직업인으로서 새롭게 재무장하는 일이 그것이다. 이를 위해 협회가 전문지식(법, 금융, 세무 등)과 실무지식, 교양 등을 포함한 고품격 교육을 지속적으로 제공해야 한다. 부동산 거래시장의 실질적 시장 주체인 공인중개사 중심의 부동산유통시장으로 육성하여 나가는 방법이자 유일한 길이다. 협회는 부동산 거래시장의 비즈니스 영역의 범위에 포함할 것과 포함하지 않을 것을 분명히 구분하여 대내외적으로 천명해야 할 필요도 있을 것이다.

부동산시장에서 주체로 존중받고 성장하기 위해서는 경쟁력 있는 영역, 특히 미래의 성장 부문을 선택하고 우리가 선점해 나가야 한다. 이것은 회원의 비즈니스 영역을 확장하면서 어느 부분에 경쟁력을 강화할지, 소비자 권익보호를 위해서 무엇을 준비해야 할지, 현재 고객에게 제공하는 서비스의 질적·양적 수준을 어떻게 개선해야 소비자의 만족을 이끌어 낼지 파악해야 할 문제다. 소비자 만족이 얼핏 손쉬운 것으로 보이지만 가장 어려운 과업의 하나다.

회원 개개인은 현재의 서비스 수준과 영역에 머무를 것인지, 경쟁력 강화로 서비스 수준을 향상하여 새로운 비즈니스 영역에 도전할 것인지, 선택을 해야 하는 상황에 이르면 매우 곤혹스런 입장이 될 것이다. 지금처럼 현상유지를 위한 단순중개에 머무를 것인지, 아니면 매력적으로 보이는 새로운 비즈니스 영역으로 진출할 것인지 결정하는 문제는 회원 개개인의 상황과 여건에 따라 선택하게 될 것이다. 용기와 도전을 필요로 하는 어려움이 따른다.

2) 무엇으로 경쟁할 것인지?

강한 경쟁자와 같은 영역에서 같은 조건으로 경쟁한다는 것은 매우 힘든 일이다. 다른 방식으로 다른 고객을 상대로 다른 시장에서 경쟁하는 것이 훨씬 쉬운 일이다. 그러나 부동산시장에서 손쉬운 경쟁자와 다른 시장을 찾는다는 것은 매우 어려운 일이다. 부동산 유통시장에서 경쟁할 수 있는 사람들은 자격제도에 의해 배출된 공인중개사뿐이다. 그들이 준비만 철저히 한다면 그들만의 새로운 가치를 공유하며 공동체로서 결속할 수 있다면, 경제와 규모 면에서 월등히 강력한 힘을 가진 제3의 경쟁자와도 충분히 경쟁할 수 있고 또한 승리할 수도 있을 것이다.

이런 경쟁에서 승리의 길은 다양하겠지만 가장 중요한 것은 소비자의 신뢰와 감동을 얻는 데 경쟁력이 있다. 바로 이 부분을 "어떻게 선점하여 우리의 강점으로 만들 것인가?" 하는 것이 경쟁력의 근간이다. 협회가 주도해야 할 혁명적 변화다. 협회와 회원의 변화가 동시에 진행되고 협조해야 한다. 협회는 연구개발과 교육에, 회원은 전문지식과 인격도야의 자기계발에 전념하는 공조다. 그 속에서 변화가 이뤄지고 신뢰가 생성된다. 소비자의 신뢰는 외형적, 양적인 크기보다는 전문인의 섬세한 지식과 믿을 수 있는 서비스의 질에서 형성된다.

강한 경쟁자와 어디서 무엇을 경쟁할지 정하는 문제에서는 몇 가지의 함정이 있을 수 있다. 우선 선택하기를 거부하는 것이 문제다. 무작정 모든 영역에서 경쟁하고 승리하자는 무모한 생각이나 태도다. 선택과 집중은 성공에 있어 매우 중요한 요소다. 고객에게 양질의 서비스를 제공하기 위해서는 경쟁자를 무작정 이긴다는 생각이나 행동은 반드시 피해야 할 것이다.

다음으로 현재의 선택을 최상의 상황으로 받아들이고 도전하는 일이다. 세상에 변하지 않는 것은 없다. 그 사례로 삼성전자와 일본의 소니를 비교해 볼 수 있다. 30년 전에 소니는 세계를 주름잡는 전자회사였고, 삼성전자는 치기조차 벗지 못한 신생 전자회사였다. 삼성은 협소한 시장 환경에도 불구하고 목표를 향한 혁신과 도전을 거듭하여 세계시장에서 1위의 승리 기업으로 성공하였다. 삼성전자는 오늘날 세계 전자시장에서 독보적인 입지를 구축하였다.

반면, 소니는 시장통찰 실패와 성공신화에 안주하여 연이어 실패를 거듭하다가, 최근에 소니다운 모습을 다시 보여주기 시작했다. 시장에서 기득권자가 선점하여 탄탄대로의 상권을 갖췄어도 그 기득권을 타파하고 시장에 진출하는 것이 불가능해 보이지만, 충분히 진입해 1등 사업자로 나설 수 있는 성공사례를 보여준 것이 바로 삼성전자다. (협회 정보사업 참조할 것)

3) 어느 시장에서 경쟁할 것인가?

이에 대해 결정을 내리는 일은 매우 어렵고 중요한 일이다. 심사숙고가 필요하다. 다각적· 체계적으로 연구하며 위험 요소와 다양한 변수들도 고려하면서 큰 그림을 그려야 한다. 자신이 최초로 진입한 선점 자에게는 끝이 안 보일 정도로 넓은 시장의 빈 공간이 모두 내 영역으로 믿게 된다. 그러나 어느 날 갑자기 듣도 보도 못한 경쟁자가 나타나 하루아침에 모두를 장악해 버리는 것이다. 우리 협회 정보사업 역사를 살펴보면 아주 이해하기가 쉽다.

협회는 1994년 12월 5일 건설교통부로부터 거래정보망 사업자로 지정받았으나, 정보사업의 성과는 매우 부진했다. 1996년 제6대 회장 취임 후 정보망사업 성공을 목표로 수도권을 중심으로 활발하게 도전했다. 당시 수도권 일부 지역을 선점하고 있던 '까치라인' 등을 상대로 치열한 경쟁을 했다. 그러나 결과는 참담했다. 과도한 사업비와 방만한 예산집행 등으로 인해 협회 재정적 손실만 가중되었고, 정보망사업은 회원시장에서 너무 먼 변방으로 밀려나고 말았다.

'까치라인' 등은 선점 효과로 기득권을 유지하고 방어하면서 시장주체라는 협회와 전쟁에서 살아남았다. 그 후예들은 지금 전국으로 승승장구하고 있다. 여기서 가장 큰 문제는 협회가 선점시장의 경쟁자들을 깊이 통찰하고 이길 수 있는 전쟁준비를 하지 않고, 전투를 시작한 점이다. 안이하게 협회가 하는 일이니 당연히 회원이 따라줄 것이라는 기대만 가졌지, 기득권자의 시장 수호를 위한 기술력과 진입의 난관을 예측한 승리의 전략도 없었다는 점이다.

선점자가 구축한 시장에서 승리하기 위해서는 다양한 차원에서 복합적으로 분석하고 경쟁에서 승리하기 위한 치밀한 전략을 수립하고 도전해야 했다. 지금까지 협회는 정보망사업에 네 차례에 걸쳐 도전하였으나, 그 결과는 4전4패라는 참혹한 실패의 연속이었다(2013년 1월 이전). 그 실패의 핵심 원인은 하나다. 우선 기술도 서비스도 전국 8만 회원의 마음을 얻어내지 못한 데서 그 원인과 답을 찾아야 한다.

우리가 성찰해야 할 것은 네 차례의 도전 과정과 그 방법이 무모하게도 국화빵틀에서 나온 빵처럼 똑같은 방식이었다는 사실에 주목해야 한다. 사업추진 주체와 인사들은 깊이 반성해야 한다. 무슨 일에서든 자신이 한 번 실패한 방법을 또다시 반복하고 똑 같은 실패의 결과를 초래하는 어리석이 있을까? 이처럼 무모한 도전 사례를 어디서 찾아볼 수가 있단 말인가?

참고로 기업들이 선점 시장에 진출하는 방법은 다양하다. 우선, 선점기업과 손잡고 가는 상생의 길이 있고, M&A(인수·합병) 방식이 있고, 가장 힘든 독자적인 진출 방식 등이 있다.

4) 회원에게 어떤 서비스를 할 것인가?

　회원에게 어떤 서비스를 할 것인가? 이 질문에 답할 수 있는 협회를 만드는 것이 '새로운 협회'로 만드는 첩경이다. 이 질문이 바로 협회가 존재해야 하는 이유이고 회원이 협회에 참여해야만 할 동기를 부여하는 요소이기도 하다. 우선 회원 개인의 힘으로는 할 수 없는 일들을 하는 것으로 시장의 문제나 방향을 풀어나가는 기능이다. 즉, 회원에게 직간접적으로 영향을 미치는 대외적인 문제를 해결하거나 조정해 나가는 일이 있다.

　구체적으로는 정부의 부동산 정책, 부동산시장의 규율과 질서, 그리고 직업인의 가치와 삶, 사회적 입지에 관한 문제 등을 꼽아볼 수 있을 것이다. 다음으로 협회 내부에서 '회원을 돕는 일'로 그 서비스 부문은 다양하면서도 고품질 서비스를 제공해야 할 것이다. 유·무상 교육 서비스, 시장 및 실무정보 제공, 연구개발, 부동산거래정보시스템(브랜드), 행정 서비스 등 회원과 밀접한 모든 문제들을 회원과 함께 손잡고 정성을 담아 제공해야할 서비스다.

　이러한 서비스를 효과적으로 수행할 새로운 협회를 만드는 일이 쉬운 일은 아니다. 그러나 회원을 돕는 협회로 만드는 일이 결코 어렵거나 불가능한 일도 아니다. 회원이 원하는 '새로운 협회'는 시장발전과 회원의 삶과 미래에 도움이 되어야 한다. 그리고 협회에 모순이나 비리가 발생하면 즉시 시정할 수 있는 정직한 조직, 부정부패나 권력의

오남용이 사라진 깨끗한 조직, 어떤 문제가 발생해도 즉시 회원에게
밝히는 용기 있는 리더십이 만들 수 있다.

새로운 협회가 훌륭한 회원 서비스를 제공하기 위해서는 효율적인
조직시스템을 갖추어야 한다. 과거 회원들은 협회에 관심도 없었고
바라보지도 않았다. 어쩌다 목소리 큰 회직자나 회원 몇 명이 강력한
주장을 했고 그들만 잘 관리하면 되었다. 그러나 이제 무관심한 회원
의 시대는 끝났다. 모든 회원들이 자기 목소리를 내는 시대다. 그들
은 서로를 잘 모르지만, 필요할 때는 언제라도 회원광장이나 인터넷,
SNS를 통해 연결하고 소통하며 협회에 공동으로 대응한다. 이미 그
들은 큰 영향력을 발휘하고 있다. 이들이 언제 협회정책이나 시스템
을 바꾸려 할지 모르는 것이 사실이다. '서비스 조직'으로 바꿔야 하는
그 이유가 여기에 있다.

5) '관리조직'이 아닌 '서비스 조직'으로 바꿔야 한다.

과거 서비스 조직이라고 하면 일반적으로 한정돼 있었다. 하지만 이
시대는 자동차나 컴퓨터 회사도 이미 제조업이 아닌 서비스 회사로
변해있는 시대다. 물론 그 회사가 제품은 생산하지만, 생산은 서비스
를 제공하기 위한 과정에 불과한 것으로 보여 지는 것이 현실이다.

예를 들어, 협회가 '관리조직'이라고 스스로 정의한다면 회원을 관

리하는 것이 협회 기능의 핵심이 되고, 기타 부가 서비스나 애프터서비스(AS)는 부수적 활동에 불과하다. 하지만 협회가 스스로 회원을 위한 '서비스 조직'으로 정의한다면, 다양한 서비스와 도움을 주는 것이 협회 기능의 핵심이 되고, 회원관리 부분 등은 서비스에 필요한 과정이 될 뿐이다. 즉, 회원에 제공하고자 하는 가치를 실현하기 위해 '회원관리 부문'은 서비스 제공의 도구가 되는 것이다. 이렇게 우리의 조직 개념을 바꾸면 자연스런 변화가 이뤄지는 것이다. 회원이 제기하는 불만이나 요구사항을 들어주고 도움을 주며 전폭적으로 지원하는 것이 협회가 집중해야 할 핵심 가치이자 기능이 된다. 이것이 회원 성장의 초석이자 협회 도약의 지름길이다. 이런 회원의 니즈를 탐구하고 궁리해 지원하면서 자연스런 성장기회로 활용해 힘차게 도약해야 한다.

6) 숨겨진 욕구를 제공

서비스 조직으로의 변화를 강요받게 된 배경에는 회원의 힘이 과거와 비교할 수 없을 만큼 너무나 커진 데 있다. 그래서 회원의 피드백을 잘 받아들여 회원의 욕구를 반영하는 수동적 자세를 넘어 회원의 니즈를 협회가 스스로 찾아서 능동적으로 서비스에 반영해야만 할 상황이 협회가 처한 현실이다. 더구나 회원이 협회에 자신의 생각과 욕구를 말해주지는 않는다.

부동산 시장에서 자신이 뭘 원하는지를 아는 것은 회원이 적극적으로 고민할 일은 아니다. 회원은 주어진 시장에서 열심히 자신의 비즈니스에 충실하고 건실하고 투명한 거래로 '소비자를 보호'하는 일에 주력하면 된다. 즉, 회원이 부동산시장과 협회에 대하여 무엇을 원하고 있는지를 알아내고 그것을 해결하거나 충족시키는 것은 협회의 몫이다. 협회는 회원들에게 숨겨진 '니즈(Needs)'을 찾아내야 한다. 회원이 현재는 상상도 하고 있지 못 하지만, 미래에 원하게 될 지식이나 비즈니스 영역, 트렌드를 개발하는 것이 혁신이자 협회의 역량이다.

이런 역할에 충실하기 위해선 결국 회장이 수시로 시장과 회원 속으로 돌아가 소통하고 이해하고 설명하며 하나로 뭉치는 통합의 중심이 돼야 한다. 끊임없이 회원을 만나고, 평범한 일선 회원들의 희로애락과 시장이야기를 나누며 공감대를 형성하고, 이를 협회의 정책이나 연구개발에 반영해야 한다. 회원광장에 올라오는 수많은 회원의 비판과 회초리 하나하나가 '짜증스럽고 귀찮은 것'이 아니다. 시장과 회장에게 '가장 소중한 자산'이란 이유가 여기에 있다.

7) 어떻게 회원의 마음을 얻을 것인가?

- 어떤 상황에도 유연하고 강력한 협회

구성원이 신뢰를 받지 못 하는 국가나 조직은 성공할 수 없다. 협회가 목적과 방향을 잃은 채 분열과 갈등의 나락 속에 빠져 있는 것은 신뢰를 잃었기 때문이다. 정책에 대한 신뢰도는 협회가 정책을 실행할 능력이 있는가 여부와 정책이 이루어졌을 때 정책이 의도하는 목표를 달성할 수 있다는 믿음이 합쳐져서 만들어지는 것이다. 협회의 위기는 단순히 누구 한 사람의 잘잘못에 의한 결과가 아니라고 보인다. 그 원인은 협회 제도와 구조적 문제에서 비롯되는 현상을 우리는 잘 알고 있다. 정관의 전면개정, 조직구조, 문화, 시스템의 재정비와 회원 통합의 근본적 변화를 이뤄야 한다. 이제는 끝없는 이전투구의 질곡을 벗어나야 한다.

지금 우리 협회가 안고 있는 경영부실과 부정부패, 그리고 권력의 오남용으로 불거지는 문제는 근본적 변화가 필요한 제도와 시스템에서 나타나는 것이다. 부동산제도(공인중개사법)와 정관과 규정, 조직구조와 문화, 투명성과 윤리경영, 회직자 정예화 및 육성에 관한 문제, 회원경쟁력, 시장영역의 문제, 회원통합, 공정한 시장질서 확립(회원거래규칙 제정), 회원 공동체로서 공화정신으로 뭉칠 수 있는 회원문화 등 오랜 기간 일관성 있게 혁신해야만, 성과를 얻을 수 있는 근본적인 과업들이다. 이런 어려운 과업들을 수행하는 과정에서 나타나는 어떠한 저항에도 불구하고 리더십은 이를 설득하고 극복하며 필히 이루어 내야만 한다.

부동산시장의 오늘과 내일은 어둡다. 다음 권력은 창립 이래 해결하지 못해 미뤄진 숙원사업과 정부정책의 부실로 오랫동안 쌓여진 시장의 난제들을 대거 물려받게 될 것이다. 부동산시장 개방, 인터넷 직거래 증가, 종합법인 인가 등등 침탈세력 출현과 비즈니스영역 수탈로 이어지는 회원 경쟁력 잠식은 시장을 이끄는 협회에 현실적 위기로 나타나게 될 것이다.

따라서 새로운 리더십은 거창한 목표를 제시하기보다는 우선 협회의 목적을 달성하기 위한 사명을 수행할 수 있는 강건한 조직으로 만들 수 있는 역량을 갖추는 데 집중할 수 있어야 한다. '새로운 협회'로 건축할 수 있는 사람이어야 한다. 새로운 협회는 목적과 사명에 충실하고 회원을 통합해 하나로 뭉치고, 부정부패를 척결한 깨끗한 협회, 강력한 협회로 만들어야 한다. 예측할 수 없이 다가오는 내외의 환경변화에 대처할 힘과 전략을 갖추고, 어떤 위기나 상황에 처해도 정진할 수 있는 유연하고 강력한 협회로 만들어내야 할 책무를 갖는다.

– 공정한 선거제도

'새로운 협회'에서는 선거제도와 관리시스템을 공정하게 규율해야한다. 지도자로서 잠재력 있는 회직자가 진출할 수 있는 합리적이고 깨끗한 선거문화를 정착시키는 과업이다.

부동산시장의 대·내외 신인도는 너무 낮은 시장이다. 신인도가 낮은만큼 회원의 경제적·사회적 입지도 어려움이 많은 것이다. 회원은 삶과 비즈니스에 충실하다 보면 협회의 기능과 역할에 대해서 깊이 살펴보는 관심을 갖기도 어렵다. 더구나 협회가 제 역량을 제대로 발휘할 때 얻어지는 가치나 성과가 무엇인지 관심이 없는 것은 안타까운 일이다. 회원을 실망시키고 신뢰를 상실한 협회의 책임이 크다고 하지만, 사실상 그토록 방치한 회원의 무책임한 태도가 더 크다고 할 수도 있다. 회원 대다수가 개인적 삶에 충실할 뿐 협회의 발전을 포기한 듯 회직자 선거에 참여를 외면한 회원들이 60%대에 이른다. 이러니 협회를 이끌어갈 훌륭한 회직자 선출이 더 어려운 것이다. 이런 무관심이 후보를 살펴보며 투표권을 행사할 수 있을까? 후보의 경륜과 역량을 살피고 인물 위주로 선택하는 선거문화가 이루어질 수 없다.

문제를 해결하기가 어렵거나, 큰 어려움을 안고 있을 때, 사람들은 장밋빛 환상에 기대보려 한다. 회원들은 간선에 의한 회장선거의 부정부패를 일소하기 위한 대안으로 회원 직선제를 만들어냈다. 그러나 결과는 솔직히 참담하다. 회원이 원하는 '변화'는 전혀 나타나지 않았다. 오히려 역량은 없어도 말 잘하고 선동정치에 능숙한 사람에게 기회를 넓혀 주었다. 여기서 직선제가 나쁘다는 이야기는 아니다. 문제는 직선제를 실시하면서 협회가 직선제에서 나타날 수 있는 위험 요소나 문제를 철저히 보완해서, 선거의 공정성, 투명성, 효율성 등에 관한 준비를 하지 않은 채 시작했다는 점이다. 그 결과로 나타나는 선거 후유증은 그칠 날이 없다. 준비 없이 시작한 일이 성공할 수 있을까? 오히려 성공하는 것이 이상한 일이다!

이제 회원은 선동에 능숙한 사람이 아니라 후보자가 가진 철학, 가치관, 그리고 역량과 열정을 기준으로 회직자를 뽑아야 한다. 민주선거의 목적과 취지가 바로 여기에 있다. 우리 협회 회직자는 100% 선출직이다. 순수한 아마추어다. 이 아마추어를 프로보다 강한 회직자로 만들 시스템이 필요하다. 꼭 갖추어야 할 시스템이다. 어쨌든 회원은 후보자의 철학이나 가치관, 성실성, 열정, 직무수행능력 등 고루 살펴봐야 한다. 3년간 맡은 직분을 올바르게 수행해줄 사람인가를 살펴보는 것이다. 회원들의 회직자 선택의 기준이 인물과 정책 위주로 바뀌어야만 유능한 회직자를 배출하게 된다. 협회에 우수한 인재들로 채워지는 것이다.

8) 어떻게 회원에게 다가설 것인가?

사무처 회원 담당 부서는 회원을 돕는 지식과 교육, 다양한 지원 서비스를 개발하고 회원의 필요에 부응해 제공하는 각종 서비스에 관하여, 회원의 사용 후기에 대한 평가 등을 철저히 수집·분석해 활용해야 한다. 이를 바탕으로 협회가 제공하는 서비스에 관한 홍보 전략을 수립하고 적정한 가격(회원 입장에서)도 책정할 수 있다. 불신의 이미지를 척결하고 회원이 원하는 정책을 주도해 감동을 주는 것으로 신뢰를 유지·관리하는 것은 매우 큰 힘이 된다.

사무처 회원센터와 지부·지회에서 회원과 직접 만나는 직원의 얼굴이 바로 협회의 얼굴이다. 그들이 '회원의 마음을 얻는 일'을 하는 것이다. 제공하는 서비스의 효용과 가치를 회원에게 전달하고, 그 가치를 생성하는 일을 한다. 서비스의 효용과 가치를 회원에게 정확히 전달하고 지원하는 성과는 경영에 소요되는 재정수입을 확장해 주는 데 일조한다. 또한, 서비스의 효용과 가치를 전달하는 것뿐만 아니라 새로운 서비스 개발전략, 회원 욕구의 탐색과 대안 발굴, 판촉에 관한 사항, 회원관리 등 역동적인 업무가 회원과 신뢰를 구축해 준다.

일선, 회원 담당 직원은 자신이 회원에게 제공하고 있는 지식과 서비스에 관한 전문지식을 갖추는 것은 물론이고, 경쟁사 상품(정보사업, 공제사업)과 비교분석까지 하고 있어야 한다. 기본적으로 사무처 직원들이 모두 숙지하고 있어야 할 실무를 갖추고 협회의 목적과 사명에 충실하며 현실과 역사에 관한 지식은 물론 업무에 관하여 깊이가 있고 밝아야 할 것이다.

3

회원의 꿈 '새로운 협회'
어떻게 만들 것인가?

새로운 협회는 어떻게 달라져야 할 것인가? 우리는 회원이 풍요로운 미래를 맞이하기 위해 무엇을 준비해야 하는가를 살펴보자. '새로운 협회'는 존재 이유를 시장과 회원의 발전에서 찾아야 한다. 그리고 '소비자 보호'를 이루는 일에서 찾아야 한다. '새로운 협회'는 시장과 회원이 추구하는 가치를 공유하며 회원의 발전을 돕는 정책과 실천의 역량을 갖춰야 한다. 회원의 삶과 시장변화를 찾아 신속히 수용하거나 적응해 가는 지혜가 필요하다. 시장과 회원의 미래를 위한 도전이 성장의 불씨를 지피듯이, 창조와 도전 정신으로 무장된 협회, 조합 등 비영리단체의 혁신과 도전은 국가와 사회에 바람직한 변화의 불씨를 지펴낼 것이다.

협회의 제도와 체제가 바뀌는 변혁적 개선이 이루어지지 않는다면 협회는 물론 회직자도 바뀌기 어렵다. 또한, 회장과 회직자 사고가 바뀌지 않고 협회가 제도와 체제의 변화를 이뤄내는 것도 사실상 불가능한 일이다. 그러나 회장의 철학과 가치관이 부동산시장의 변화, 회원의 변화에 진력하여 회원의 삶에 질적 향상이란 선순환 구조를 만들어 낸다면 우리는 꿈과 희망을 펼쳐나갈 '새로운 협회'를 만나는 혁명적 변화를 손쉽게 이루어 낼 수 있을 것이다.

이런 새로운 변화를 위해서 먼저 회장, 회직자가 정치판의 이전투구와 같은 권력쟁탈에 빠져 암투하는 내부분쟁으로 인해 엉뚱한 곳에 힘을 낭비하는 일이 나타나선 안 된다. 또한, 회원들의 사고가 변해야 한다. 협회가 자신과 상관없는 단체로 치부하고 회직자는 무능한 권력의 화신인 것처럼 비웃고 딴죽을 거는 회원의 부정적 태도부터 사라져야 한다. 이런 획기적 변화를 위해선 먼저 회장과 협회가 회원에게 깨끗하고 정직한 모습을 보여줘야 한다.

여기서 우리는 협회가 해야 할 몫과 회장이 해야 할 몫, 회원이 해야 할 몫을 정리해 보자.

우선, 회장은 청렴과 언행일치, 그리고 솔선수범이다. 공익을 우선하는 청렴과 정직을 보여줘야 한다. 정책 결정에 공익·공정·공화 기준을 따르는 모습을 보여줘야 한다. 회원과 시장의 성장을 위하고, 회원과 희로애락을 함께하는 공동체의 동지애로 소통을 해야 한다. 회원의 소리를 듣고 공감하고 격려하며 회원의 소리를 정책에 반영하는 모습을 보여줘야 한다.

둘째, 협회의 변화다. 우선 부동산시장에서 가장 우선하는 가치는 '소비자 보호'에 있음을 대내외에 천명하고 실현을 위한 노력을 해야 한다. 다음으로 목적을 위한 비전을 달성하기 위한 장·단기 목표를 설정해야 한다. 정관과 제 규정의 개정은 물론 규칙을 개정하고 신설하는 등 조직운용에 부실한 부분들을 개선해야 한다. 조직구조와 시스템을 진취적, 도전적으로 바꾸고, 부동산 지식·정보·인재 등의 부문에서 탁월한 단체로 육성되어야 한다. 부동산시장에서 비즈니스 영역 수호와 확장으로 '회원을 돕는 협회'라는 신뢰감을 회원이 느끼도록 해줘야 한다. 24시간 교육시스템을 구축하는 등 철저한 서비스 조직으로 변해야 한다.

셋째, 회원의 변화다. 회원의 얼굴과 태도가 바로 협회와 부동산시장을 대표하는 자리다. 회원 개인이 잘못하면 개인의 잘못으로 끝나는 것이 아니다. 회원과 부동산시장에 그 영향이 미친다. 회원 개개인은 늘 자신이 협회의 '대표'라는 긍지와 자부심을 갖는 변화가 있어야 한다. 이런 긍정적 변화는 소비자의 신뢰를 얻어, 오히려 시장에서 회원 자신의 비즈니스를 촉진하는 기회로 만든다. 회원의 긍정적 변화가 주는 변화의 힘은 창대하다. 회원이 협회와 시장의 대표라는 당당한 사고와 태도는 시장 선진화를 앞당기는 마법사가 될 것이다. 회원 개개인이 고객과 사회에 관한 인식, 그리고 서비스 품질 향상에 전문인다운 품격을 담는 진취적인 변화를 이뤄야 한다. 어렵지만 '소비자 보호'를 사익에 우선하는 자세다. 나아가 전문지식과 자아개발로 끊임없이 학습하고 연구하는 모습에서 소비자와 사회의 신뢰가 형성될 것이다. 이런 회원의 생각과 태도가 바로 부동산시장과 회원의 성공을 이끄는 힘이 된다.

1) 어떻게 경쟁력을 갖출 것인가?

이것은 협회가 어느 부분에서 경쟁력을 강화하여 대내외적으로 "필요한 역량을 제때에 발휘할 수 있도록 할 것인가?"에 답할 수 있어야 한다. 어느 영역에서 어떻게 경쟁력을 갖출 것인지? 경쟁력 제고 방안을 찾는 과정에서 협회가 시장과 회원의 승리만을 위해 선택하고 집중할 수는 없다. 우리 시장의 본질은 국가경제에 기여와 소비자 보호라는 공익을 바탕으로 출범한 사실을 결코 잊어서는 안 된다. 협회는 시장과 회원의 승리를 얻기 위해선 국가와 사회에 공익성을 만족시켜주는 복합적인 전략시나리오를 구성하여야 할 것이다.

이 과정을 통해 시장에서 선택할 것과 집중을 결정하는 것은 물론 대내외적 경쟁력을 갖추기 위한 제도와 시스템 변화에 구체적인 전략이 수립되어야 한다. 협회는 태생적으로 국가사회의 공익성을 무엇보다 우선해야 한다. 단순히 조직이나 회원의 이익이나 승리만을 위한 극단적인 선택과 집중은 결코 수용될 수가 없다. 시장과 회원 승리를 추구 하면서도 그 근저에는 국가사회에 기여와 공익이라는 큰 그림을

깔고 가야 진정한 승리를 얻을 수 있다. 즉, 일방적 승리를 취하지 말고 공익과 사회적 기여를 바탕으로 하는 승리를 취해야 한다.

2) 비용절감 전략, 차별화 전략

경쟁력 강화를 위한 문제를 전략적으로 바라보기 위해서는 넓고 깊은 지식과 지혜가 요구된다. 일반적으로 비용을 절감하는 전략으로 재정적 경쟁력을 갖추는 방법이나 독자적 서비스를 강화하는 차별화로 경쟁력을 강화해 나가는 방법이 있다. 우리는 두 가지 방법 중 하나가 아니라 비용절감은 물론 시너지효과를 극대화할 수 있는 목표(과업·사업)를 찾아 차별화를 이뤄야 할 것이다. 목표를 달성함으로써 시너지 효과를 극대화할 수 있는 과업에 집중적인 지원과 피드백을 통해 수시로 수정·보강하는 효율적인 전략 수립이 필요하다.

예산절감을 통한 원가 절감도 어느 조직에서나 이루어지지 않는다. 예산을 통한 비용점감도 실천하며 새로운 협회로서 차별화된 서비스를 제공해 회원 경쟁력을 강화시켜야 할 것이다. 기본 재원인 '회비'로 구성되는 예산의 절감과 효율적 집행은 투명하고 정직해야 한다. 다시 말해, 협회가 비용절감과 차별화된 서비스를 통해 경쟁력을 제고하는 양면전략을 선택하면, 그에 따른 구체적 전략과 행동들이 일관성 있게 한 방향으로 추진되어야 한다. 선택과 집중에 따라 향후 전략적 사업들을 효과적으로 수행해 나가는 성공의 필요조건이다.

예산절감이 넉넉한 재정을 보장하지는 못한다. 예산절감으로 얻게 된 가용자원을 주력사업이나 회원 서비스 개선을 위해 투자함으로써 재정적 환경은 대동소이할 수 있다. 예를 들어, 공제사업에 사업 호조와 예산절감으로 넉넉한 가용자원이 있다고 가정하고 정보사업에서 재원부족으로 어려움을 겪는다면, 이사회와 총회의 동의를 얻어 정보 사업에 가용자원을 지원할 수도 있다는 이야기다. 즉, 경쟁력 강화의 또 다른 하나는 예산활용의 차별화 전략이다.

협회가 예산활용과 절약의 차별화 전략을 통해 회원들에게 변화를 실감하도록 하는 것이다.

우선 협회가 회원을 바라보는 시각과 관계 설정에서 시작된다. 협회와 회원의 관계가 바르게 설정되어 있는지 여부는 매우 중요하다. 관계의 본질은 회원이 주체냐 협회가 주체냐 하는 문제다. 즉, 협회가 바라보는 시각이 회원이 '관리의 대상'인가, '서비스의 대상'인가에 따라서 주체와 객체가 분명하게 구분된다. 회원이 관리대상이라고 본다면 회원은 협회에 종속된 하나의 자원으로 분류된다고 할 것이다. 회원이 '서비스의 대상'으로 분류하고 있다면, 회원이 협회의 주체로 존중해야 할 대상으로 분류된 것으로 보아도 무방하다. 후자로 구분되었다면 협회가 비용 절감에 유의하면서도 우선적으로 시장에서 유익한 지식과 정보를 끊임없이 회원에게 제공할 것이다. 특히, 부동산 실무와 전문직업인의 품위 유지에 필요한 다각적인 전문교육과 정보제공에 충실한 새로운 서비스체제로 차별화하게 될 것이 분명하다.

예산절감 전략이나 차별화 전략이 모두 지난 역사에서 성공과 실패 사례에 대해서는 특별히 유의하며, 새로운 방향을 만들어내야 한다는 점에서는 동일하다. 특히, 지난날 실패한 정책과 행정 오류를 똑같이 반복하면서 새로운 결과를 만들어내겠다는 것은 불가능한 일이다.

그 사례로 정보 사업부문을 살펴보면 네 번의 실패를 반복했다. 백전백패다. 이유는 간단하다. 협회가 실패한 정책을 분석하고 학습하며 나타난 피드백으로 문제를 해결하는 능력을 갖추지 못 했기 때문이다. 기초적인 통찰력 부재와 경영의 무지가 부른 화근으로 볼 수 있다. 혁신을 위해서는 협회의 역사와 정책을 깊이 통찰하고 분석하면서 학습해야 한다. 그리고 역사의 통찰에서 답을 구해야 한다. 실패의 역사에서 성공의 비책을 찾는 지혜가 필요하다.

정보망사업은 장기적인 안목에서 추진해야 한다. 정보사업의 목적은 전시용이 아니다. 회원과 협회가 부동산시장의 주체로서, 부동산시장을 수호하고 관장할 수 있는 역량을 갖추는 유일한 절대적 도구다. 협회에 영원히 변하지 않을 핵심 사업이 분명하다. 시장의 주체로서 입지 구축을 가름하는 기준이다. 즉, 협회 정보사업 성공이 회원과 시장의 성공으로 이어진다.

이처럼 핵심사업 중 핵심이란 사실을 인식하고 책임자는 청렴하고 명확한 가치관으로 지혜롭게 추진해야 한다. '이 역사적 사업을 어떻게 완수할 것인가?', '이 사업의 성공이 곧 8만 회원의 밥줄이다.', '위대한 사업에 도전할 수 있는 기회를 만난 것이 행운이다.'라는 긍정적 생각을 바탕으로 사명감과 불굴의 도전정신으로 임해야 할 것이다. 정보 사업에서 가장 중요한 것은 적재적소에 부합하는 능력 있는 고급 인재를 보유하여야 한다. 최고의 전문 인재를 모으고, 창의적 아이디어를 수용하는 진취적인 인사정책이 따라줘야 한다. 이래야만 협회는 정보 사업에서 변혁적 도전으로 변화를 이루고 선점조직을 앞설 희망을 가질 수 있을 것이다.

비용절감 전략이나 차별화 전략이 모두 성공을 보장하지는 않는다. 그리고 언제나 어느 조직에도 통용되는 전략이란 존재할 수가 없다고 한다. 이런 연유로 전략적사고의 유용성이 드러난다. 훌륭한 전략적 사고력을 갖춘 조직은 위기가 나타났을 때, 위기를 극복하거나 반전을 위한 해결책을 신속하게 찾아내고 대처한다. '어떻게 위기를 극복할 것인가', '어디서 어떻게 반전시킬 것인가'에 대한 의사결정이 과감하고 신속하게 이루어지는 강점을 갖추고 있는 것이다. 그러나 어떻게 위기를 극복할 것인가, 어디서 반전시킬 것인가에 대한 결정이 합리적이고 일관성이 있는가? 하는 문제를 깊이 살펴볼 수 있다면, 강한 경쟁력을 갖출 수 있는 전략의 핵심은 찾아낼 수 있고, 경쟁력 확장에 강력한 불씨를 지피게 될 것이다.

4

새로운 협회는
어떤 역량이 필요한가?

1) 회원을 이해하고 회원의 욕구를 찾는 일

협회는 회원을 건성으로 보지 말고 회원의 속살을 들여다볼 수 있어야 회원의 숨겨진 욕구와 실상을 알 수 있다. 협회는 부동산시장 속에서 발생하는 다양한 문제로 회원과 고객의 문제, 회원과 회원의 문제, 제도나 정책에서 나타나는 부조리나 모순, 사회적으로 열악한 입지 등 회원이 처한 실상을 숙지하며 함께 해야 한다. 회원보다 더 많이, 더 세세히 시장 속의 상황을 요해하고 있어야 한다. 이런 정성이 회원의 가슴에 닿고 회원이 공감할 수 있는 서비스를 제공할 수 있는 자산이 된다. 회장과 임직원은 이처럼 회원의 속살을 정확히 알고 회원의 희로애락을 함께 해야 한다. 이런 정성과 변화가 회원에게 협회에 미래에 대한 기대를 걸 수 있게 만든다. 즉, 회원의 신뢰를 회복할 수 있는 '회원의 마음을 얻는 것'이다.

회원 주권과 회원을 돕는 일에 관하여 제도적, 체계적으로 지원되는 서비스 시스템을 갖춰야 한다. 협회의 일상적 업무가 바로 회원을 돕는 일로 정하여 추진하더라도, 구체적으로 무엇을 어떻게 할 것인지 서비스의 기준과 그 질적 수준을 정하여 충실하게 제공해야 한다.

2) 서비스 조직 구축과 서비스 개발에 투자

서비스 조직으로 경쟁력을 갖추기 위해서 어떤 역량이 필요한지 규정함으로써, 협회는 정책의 중요성과 우선순위에 따라 선택하고 필요 자원을 효율적으로 집중 투입하게 된다. 이러한 효율적 서비스 역량을 강화시키기 위해서는 교육, 조직정비, 혁신, 서비스 시스템 구축 등 변화가 필요한 부문에 대한 투자와 조직구조 개편 등 다각적 혁신 활동이 병행되어야 한다.

회원 서비스라고 하면 쌍수로 환영할 일이다. 그러나 서비스 과정과 품질에서 얼핏 현실과 동떨어진 상황이 나타날 수도 있다. 그러나 협회는 태생적으로 회원서비스를 목적으로 태어난 조직이다. 회원을 돕는 일이 바로 사명이다. 협회가 사명을 수행하는 것은 시장의 질서유지와 선진화를 추진하는 일이다. 회원성장과 발전에 필요한 지식, 정보, 교육, 관리 등 서비스를 지원하고 제공하는 것이다. 이를 신속하고 체계적으로 지원할 수 있는 서비스 시스템을 구축하고 회원만족

을 얻어내야 한다. 이런 역량을 갖추기 위해서 회원서비스에 적합하
도록 조직 체제를 개편하고, 분야별로 자원을 수집, 보관, 제공하는
비용과 시스템의 구축과 유지에 소요되는 재정투자가 적극 지원되어
야 한다. 고품격 서비스를 위한 연구개발 비용과 서비스 시스템 개발
에도 지속적으로 투자할 수 있는 재정적 안정성도 갖춰야 할 것이다.

3) 투명하고 깨끗한 윤리경영

국가든 단체든 그 생명력은 구성원의 신뢰를 기반으로 한다. 협회에
서 회원의 신뢰는 자신이 속한 협회가 투명하고 정직하다고 믿을 때,
그 믿음에서 만들어지는 성과물이다. 자신이 속한 조직이 부정부패나
불법 부당한 경영으로 내분이 일거나, 법정분쟁으로 이어지는 이전투
구가 일어나는 조직을 회원이 믿고 따르기는 어려운 것이다. 어느 단체
든 투명하고 정직함을 갖춘 윤리경영을 준수해나가는 문화와 역량을
갖추는 것이 내·외부적 경쟁력을 갖추는 첫 번째 과제다. 협회가 회원
서비스와 관리, 연구개발, 수익사업 등 다양한 부문에서 아무리 역량
이 우수해도 윤리경영과 투명성을 갖추지 못 하면 그 성장은 결국 한
계를 보이게 된다. 정직하지 못한 조직에서 정의와 윤리가 살아 숨 쉴
수는 없다. 투명하고 깨끗한 윤리경영으로 회원의 신뢰를 얻고 나아가
정부와 사회의 신뢰를 얻어내야 할 것이다.

4) 부동산거래 과정 '소비자 중심' 시장

　시대에 따라 정부정책은 변하고 부동산거래 과정은 나날이 고도화·복잡화되고 있다. 소비자 욕구는 부동산거래의 공정성·안정성·전문성 등을 지원하는 전문인의 원스톱 서비스를 원하는 소비자가 점차 늘어나고 있다. 그러나 현재 우리나라 부동산거래 관련 제도는 복잡하고, 전문직업인의 입지는 빈약하다. 거래 질서와 규율은 아직도 자리 잡지 못 하고 있다. 아무나 부동산시장을 유린하는 불법과 부정이 난무하는 시장이다. 이런 시장의 무질서가 소비자의 권익을 해치고 궁극적으로는 부동산시장 불신과 공인중개사의 신뢰를 파괴하고 있다. '소비자 보호'가 이뤄지는 선진 시장으로 진입할 수 있는 환경을 조성하지 못 하고 있는 것이다.

　예컨대 공인중개사의 업무 영역에서 빠진 분양·공매·경매 등에서 '물건정보 제공 및 하자담보책임, 당사자 계약에서 나타나는 편향성 등 소비자보호 권익이 철저히 방치되고 있다'는 점, 그리고 일정한 공동주택 외의 부동산 임대·관리업(상가·주택)은 업으로 제도가 이뤄지지 않고 있다. 부동산 임대·관리 업에 관해 체계적으로 규정하지 않고 있다. 당연히 임대관리업자의 전문지식이나 경륜, 관리업자의 의무와 책임 등 소비자 보호를 위해 규율할 수가 없는 것이다. 이런 부실함을 방지하기 위해 공인중개사에게 그 영역을 맡겨 소비자를 보호해야 한다.

또한, 향후 부동산시장에서 거래 과정이 원스톱 서비스 시장으로 전환할 수 있도록 공인중개사를 전문인으로 육성하는 문제와 전문인에게 요구되는 지식과 윤리에 관련해서도 '소비자 보호'를 전제로 하는 부동산기본법이 필요하다. 부동산기본법에는 '소비자 보호'는 물론 시장 질서를 규율하고 부동산 유통시장의 공인중개사의 업무영역 확장과 입지를 명확히 해야 할 것이다. 공정한 선진시장으로 진화를 촉진하고, 그 시장에서 '소비자보호'를 이루는 것이 부동산시장(공인중개사)의 존재 이유이자 사회적 합의라는 사실을 중시해야 한다. 즉, 정부 당국과 협회는 부동산 거래의 공정성·안전성으로 '소비자보호'가 이뤄지는 부동산제도와 정책을 발전시켜 나가야 할 것이다. 특히, 협회는 지속적으로 '소비자 보호'를 중심으로 시장개선에 관하여 연구개발하고 그 결실로 정부정책을 리드해 나갈 수 있는 역량을 갖춰야 한다.

5) 선택과 집중

리더십은 새로운 협회를 건설하기 위해 무엇을 어떻게 할 것인지 구체적인 실현 방안을 만들어 제시할 수 있어야 한다. 현재 가지고 있는 시스템과 역량으로 '새로운 협회'를 건설할 수 있는 방법은 없다. 무조건 실패한다. '새로운 협회'를 건설해야 하는 이유와 혁신의 영역과 목표 그리고 전략으로 수립된 과업을 이루기 위한 역량을 갖추기 위한 역사다.

즉, '새로운 협회'를 건설하기 위해 언제 무엇을 시작할지, 어느 부문을 바꿔야 할지, 버려야 할 것은 무엇이고 그만두어야 할 것은 무엇인지 궁리하면 선택과 집중할 부분이 나타나 보일 것이다.

선택한 부문을 지원하기 위해 어떤 역량이 필요한지 체계적으로 규정함으로써 중요한 일에 관심과 자원, 시간을 집중해서 신속히 지원하거나 투자할 수 있어야 한다. 이러한 선택과 집중 능력을 강화하고 유지를 위해서 모든 회직자와 직원 교육, 서비스 및 연구개발, 새로이 필요한 사업이나 자원에 대한 투자, 조직화와 경영시스템에 대한 투자, 조직 개편 등 해야 할 일들이 체계적으로 잘 이뤄져야 한다.

새로운 협회의 핵심가치는 '회원을 돕는 조직'이다. 이를 만들기 위해선 어떤 과업이나 목표에도 과감히 도전할 수 있는 정신과 실행력, 업무추진 역량이 뛰어나야만 한다. 새로운 협회가 이 세 가지 중 하나라도 없다면 어디서, 무엇을, 어떻게 등의 질문으로 새로운 답을 구하거나, 처음부터 다시 시작해 이 세 가지 자질을 모두 갖춘 조직으로 만들어야 한다.

5

어떤 제도와
시스템이 필요한가?

목표를 실현하기 위해서는 효율적인 조직구조와 시스템, 그리고 전략을 필요로 한다. 또한, 목표를 향한 실행 과정과 그 성과를 점검하고 측정할 수 있어야 한다. 성과와 점검에서 얻은 것이 어떤 상황에서도 유연하게 대처할 수 있도록 효율성을 제공해 주는 것이다. 협회가 정한 목표를 달성하기 위한 정책에, 조직구조와 시스템이 미비하거나 구체적인 전략이 준비되지 않았다면 백전백패다. 그러한 목표는 도전할 의지도 없이 회원에게 보여주기 위한 전시행정에 불과하다. 목표 달성을 위해서는 무엇보다도 건실한 조직과 구체적인 전략이 뒷받침되어야 하기 때문이다. 전략실행 과정에서 확고한 목표와 치밀한 검토, 소통이란 세 가지 요소가 시너지 효과를 발휘할 수 있어야 한다. 어느 과업에 도전하든 그 성패는 조직이 가지고 있는 핵심 역량을 극대화 시킬 수 있는 조직구조와 시스템, 그리고 소통이 필요하다.

또한, 목표를 달성하기 위해서는 모든 조직구성원들이 전략을 이해하고 실행할 수 있도록 설명할 수 있고, 쉽게 이해시킬 수 있어야 한다. 구성원 모두가 하나의 목표를 향하도록 만드는 일이다. 전략은 언제나 지도자들이 만드는 것만은 아니다. 오히려 부문별 사업별로 실무자가 얻은 실전 노하우 전략이 효율적인 경우가 많다는 점은 유의해야 할 것이다. 목표 달성을 위해 모든 구성원이 하나로 목표를 공유하는 시스템을 갖추자. 이를 활용해 전략의 세부적 과정을 모든 구성원이 지원하며 추진할 수 있는 유기적인 시스템을 이뤄내야 할 것이다.

그 방향으로는 첫째, 회원에게 제공하는 서비스 확장에 지속적으로 투자하고 지원하는 정책이 지속돼야 한다. 서비스 품질 향상에 필요한 예산을 충분히 배정해 회원 서비스 개발을 추진해 나가야 한다. 둘째, 정책 목표를 얼마나 성취했는지? 그 결과는 어떠한지? 에 대하여 수치로 측정할 수 있는 시스템을 갖추어야 한다. 정책의 추진 성과를 측정할 수 있어야 수시로 전략을 수정·보완하며 목표를 이룰 수 있기 때문이다. 셋째, 모든 구성원(직원·회원·회직자)이 정책수립 과정에 자유롭게 참여할 수 있어야 한다. 구성원들의 다양한 아이디어를 찾을 수 있고, 폭넓은 소통으로 정책의 수립 과정에서부터 직접 참여함으로써 구성원 모두가 정책 수립과 추진의 주체라는 주인의식과 자부심을 가지게 될 것이다.

통상 정책수립은 하향식으로 이뤄지는 것이 일반적이다. 성공하는 전략이 되기 위해서는 모든 구성원들을 참여시켜 주체의식을 심어주는 과정이 필요하다. 이러한 일이 가능하게 만들어 주는 것이 바로 조직시스템이다. 조직부문별로 산재해 있는 역량과 지혜들을 모아서 하나의 완성된 목표를 만들어내는 것이다. 잘 만들어진 조직시스템은 목표를 정하고 추진할 수 있도록 구성원들을 결속시키고 자율적 동기를 부여해 강력한 추진력을 함양하게 된다.

조직구조와 시스템을 목표 달성에 적합한 기능과 역량을 갖추도록 혁신을 이루는 일에는 경영자의 확고한 가치관과 의지, 그리고 리더십의 지속적인 관심과 지원이 필요하다.

비전 희망 방향을 논하다

/ 저자가 묻고 답하고

▌혁신은 '회원 중심 경영'에 있다

저자 임재우가 주창하는 '새로운 협회'가 가야할 방향은 '회원 중심 경영'이다. '우리가 꿈꾸는 협회, 우리가 디자인한 협회'라는 제목의 이 책을 준비하는 계기로 부동산정책과 시장에 능동적이지 못한 협회에 대한 성찰적 시각에서 얻은 생각들이 모아진 것이다. 부동산시장에서 나타나는 제도와 정책의 모순과 부조화속에서도 협회가 회원을 중심으로 운영하며 국가·사회에 기여하는 유능한 협회로 성장할 수 있는 방향을 모색하는 내용들이다. 협회 원로와 동료, 선·후배와 만나 '회원 중심 경영'을 주제로 담소하며 얻어진 생각들을 정리하였다.

– 임직원과 회직자 모두 열심히 일하는데 성과는 보이지 않는다. 무엇
  이 잘못됐나?

'회원 중심 경영'을 제시한다. 지난 30여 년간 이어진 '협회 중심 경영'은 회원이 관리대상이 되어버렸고, 협회가 그 중심에 서 있었다. '회원 중심 경영'이란 회원의 존중과 실익을 기초한 공동체다. 회원의 권익과 성장을 위한 정책을 구현하는데 가치와 의미가 있다. 이제 회원을 관리하는 한계를 벗어나야 한다. 회원의 복리증진을 위한 새로운 길을 모색하고 실현하는데 목표를 둬야 한다. 즉 회원을 존중하고

돕는 것 그리고 부동산시장 발전을 이루는 것을 경영의 본질로 삼아야 한다. 이것을 소홀히 하는데서 자꾸 문제가 불거져 나오는 것이다. 조직의 본질을 모르면서 성장한다는 것은 하늘에서 별을 따오는 것처럼 어려운 일이다.

– '회원중심경영'이 관리주의 적폐를 일소할 수 있는가?

그렇다. 협회는 '회원의 삶과 복리'를 지원하고 돕는 수단이지 권력이 아니다. 회원과 시장의 발전을 기반으로 국가 경제와 사회적 기여를 목적으로 해야 한다. 일부 회원은 '왜 협회에 의존해야 하는가?'라는 불평도 한다. 그러나 회원의 의무는 회원권익의 원천이다. 협회 목적은 소비자 보호와 시장의 질서 확립으로 국가경제에 기여하고, 회원의 사회적 입지를 고취하며, 비즈니스에 지원이나 도움을 주는 데 있다. 이런 변화가 희망을 만든다.

– 시장발전과 소비자보호, 거래질서 확립이 회원 성장의 길인가?

이러한 질문에 깊은 성찰이 따라야 한다. 협회가 유지·관리되고 발전하는 데는 수많은 비용이 든다. 예를 들어, 회원의 비즈니스가 전문직으로 도약하기 위해서는 부동산시장의 제도와 환경의 변화도 필요하지만, 그보다도 우선 회원의 전문성과 사회적 이미지 전환이 따라주어야 한다. 무엇보다 전문성 도약이 요구되고, 교육의 비용이 따른다. 이는 협회가 무상교육을 지원해도 회원 스스로 열정과 노력이 없이는 안 되는 일이다. 자신의 미래를 위해서는 어려움을 극복할 열정이 필요하다. 당장 눈앞의 소소한 문제들에 집착해온 어제의 생각들이 오늘을 어렵게 만들어 왔다고 인정해야 한다. 소비자보호중심 시장이 어떤 환경을 만들 것인가? 변화의 방향은 올바른 것인가? 회원에게 어떤 환경을 가져다 줄 것인가? 이런 질문에 스스로 답해보자! 아마 회원에게 나타나는 가치와 그 효용성에 놀라게 될 것이다.

– '회원 중심 경영'이 만들어낼 가치와 방향은?

공인중개사 제도가 출범할 때, 특히 1회 공인중개사 합격자들은 대다수가 미국의 브로커와 같은 수준의 전문직업인으로 성장하는 꿈과 희망에 부풀었다. 그 중의 한 사람으로 개업을 하였다. 시장의 무질서와 실무의 어려움 그리고 국가가 실시하는 부동산제도의 결함과 모순에서 나타나는 문제는 많은 데 이를 통찰하고 개선해야할 협회는 관심조차 보이지 않았다.

필자가 지난 30여 년간 회원의 입장에서 문제의 근원을 찾아 공부하고 궁리하며 얻은 답은 하나다. '회원을 돕는 조직'으로 바꾸는 변화다. 가장 단순하지만 가장 확실한 변화를 이끄는 방향이다. 회원이 없는 협회는 망하고, 회원이 가난하면 협회도 가난할 수밖에 없다. 협회가 회원의 마음을 얻는 일이 아닌 것, 회원을 돕는 일이 아닌 것, 회원에게 힘이 되는 일이 아닌 것은 모두 중요한 일이 아니다. 협회의 방향과 정책 속에는 언제나 '회원을 돕는 일'이 전제되어 있어야 한다. 가장 소중한 가치를 창출하는 유일한 방향이다.

이런 정신과 가치가 회원을 행복하게 만들어주는 서비스를 창출하는 바탕이 된다. 정책이 재정을 넉넉하게 만들고, 사회적·정치적 입지 강화도 중요하지만 그 과정이 투명하고, 회원과 시장을 위한 것인가, 회원을 돕는 일인가라는 질문에 '예'라고 답할 수 있어야 한다.

— '회원 중심 경영'은 정책 결정과 추진과정이 중요한 이유는 ?

협회는 할일이 산적해 있다. 많은 일을 해야 하고, 주어진 과업을 수행할 수 있는 역량을 갖춰야 한다. 정책방향과 과정이 잘못돼 실패하는 경우, 피해는 고스란히 회원이 감수해야 한다는 현실을 주시해야 한다. 과정의 정당성을 무시하고, 결과만 집착할 경우, 소중한 기회조차 잃을 수 있다. 오히려 치명적인 독배로 돌아올 수 있다는 사실을 간과해서는 안 된다. 협회는 모든 의사결정 과정에서 "회원의 입장에서 바라본 것인가?"라는 질문에 흔쾌히 답할 수 있어야 한다. 정책의 목표가 회원을 위한 것일 때, 회원들은 얼마나 유쾌할 것인가? 여시서 중요한 것은, 정책의 중심에 회원이 없다면 '회원을 위하는 정책'이 만들어질 수가 없다는 점이다. 정책을 살펴보면 회원을 위하는 일인지 아닌지 곧 바로 밝혀지게 마련이다.

– 시장 제도와 정책 그리고 협회조차 '회원 소외'가 나타난다. 무엇이
  문제인가?

부동산시장은 자유시장면서도, 정부가 만든 제도와 시스템에 의해
통제되는 시장이다. 시장정책에는 소비자 보호라는 목표가 있다. 이
는 정부가 공인중개사에게 위임한 부분이다. 소비자 보호에 소홀한
중개사에겐 엄중하게 책임을 묻는다. 공인중개사는 자신의 성공, 공
동체로서 신의성실, 소비자 보호라는 세 부문에 균형을 이루면서 성
실해야 한다. 이런 어려운 시장에서 회원의 어려움이나 고통을 함께
하며 해소하거나 극복해 나가는 모습을 보여줘야 한다. 회원의 희비
애락을 함께 하며 시장에 질서와 규율을 세우고, 선진시장으로 발전
시켜 나가는 것이다. 협회가 회원의 마음을 얻는 것은, 믿음을 주는
데서 부터 시작되는 것이다.

– 그런 측면에서 볼 때, 협회의 무엇이 문제인가

협회중심경영의 폐해가 크다. 회원존중이 전혀 보이지 않는다. 회원
의 자발적인 참여의지와 열정을 협회가 파괴하고 있는 것이다. 회원
과 시장의 존재가치를 무시하고 협회가 스스로 우뚝 서서 주인 노릇
을 해왔다. 협회 창립당시 만들어진 '회원관리체제'가 시장과 회원의
문제는 물론 부동산 투기까지 통제할 수 있다고 본 것이다. 그 결과
로 나타난 것이 시장도 회원도 참담하게 피폐해진 오늘의 분열 현상

이다. 회원관리체제로는 더 이상 미래가 없다.

회원의 자발적 참여로 이뤄지는 회원공동체가 이뤄져야 한다. 이것이 회원에게 꿈과 희망을 심어주는 것이다. 협회의 비전과 목표가 '회원의 비전과 목표'가 되는 것이다. 이런 공통의 비전이 회원을 공동체로 엮어내고, 협회와 함께 손잡고 달릴 수 있는 강력한 열정의 근원이 된다. 회원의 뜨거운 열정을 하나로 모아 '강력한 협회'로 만드는 것이다. 서둘러 회원서비스 체제로 바꾸어야 한다. 즉 모든 정책과 목표가 회원 서비스를 중심으로 시작돼야 한다.

– 회원의 의무 기피 현상이 번지고 있다, 어떤 변화가 필요한가

공제사업에서 회원이탈에 관한 문제를 제기하기 전에 협회가 알아야 할 것이 있다. 회원은 도구가 아니다. 회원을 협회살림의 자원이나 도구라고 생각하고 운영하면, 회원은 협회를 위한 수단이 되어버린다. 수단으로 전락한 회원이 행복할 수가 있나? 협회를 살뜰하게 챙겨야할 이유가 있나? 회원의 느낌과 생각이 중요하다. 회원은 소속협회의 위상이 높아지고, 그 소속으로 인해 얻는 것이 있기를 바란다. 협회 소속감은 회원의 자부심이자 긍지가 되어야 한다. 회원의 이런 기대심리가 협회의 '정책부재로, 시장 무질서로, 협회의 무능으로 사라지고 있다' 는 점에 주목하고 반성해야 한다. 공제사업에서 회원이탈 문제를 논의하기에 앞서 회원을 도구나 수단으로 보는 고약한 생

각을 먼저 바꾸어야 할 것이다.

– 회원 중심 경영의 '새로운 협회'라는 청사진을 제시해 왔다

이 시대는 지식·정보 사회다. 조직구성원의 지식·정보 공유가 요구된다. 회원과 회직자, 직원이 함께 공유하며 하나의 공동체로 묶어져야 한다. 협회가 회원의 구심점이 되어 회원 중심의 생각과 가치를 만들어 지켜나가야 한다. 회원 간 공동체로서 연대가 이뤄지는 것이다. 시장에는 회원공통의 희망과 목표가 있기 마련이다. 그 공통의 목표를 달성해야만 회원과 협회 그리고 시장이 발전할 수 있다. 회원의 생각이 깊고 넓어져야 한다. 공통의 목표를 이루기 위해서 한 마음으로 손잡아야 한다. 우리 현실은 생사의 기로에 서 있다. 이 난관을 극복하기 위해서 회원을 돕는 협회를 만드는 것이 우선이다. 협회는 회원의 마음을 얻는 일에 집중해야 한다.

– 회원 중심 경영이 목표인 새로운 협회의 핵심역량은 무엇인가?

회원이 경제적·사회적으로 넉넉한 삶을 누릴 수 있도록 제도와 규율을 개선하는 능력, 선진시장으로 개선해 나가는 능력, 정책 목표를 달성하는 능력, 시장영역 확장을 위해 힘을 기르는 능력, 회원의 마음을 얻는 능력, 투명하고 정직한 조직문화 등을 꼽아볼 수 있다. 특히 회원의 마음을 얻는 능력, 단결시키는 능력이 가장 중요하다고

생각한다.

　시장의 어느 부문이 어떻게 작동하게 될지, 변할지는 아무도 모른다. 협회가 스스로, 지속적으로 연구개발로 준비해야만 한다는 사실만은 분명하다. 연구개발원에 회원들의 지혜를 모아 주고 실현 가능한 정책을 만들어가는 참여 제도를 만들어 활용하는 것도 훌륭한 방법이 될 것이다. 시장에서, 실무에서 문제의 핵심을 찾아내는 회원들의 탁월한 아이디어가 시장을 변화시키는 정책으로 나타날 수 있기 때문이다. 그 사례의 하나로 인천의 모 회원의 아이디어로 '임대차 확정일자'의 등록이 동사무소도 가능케 한 사례가 있다.

– 내분과 무능의 원인으로 과도한 분쟁과 이기심을 꼽는다.

　회원 사회에 조급증만 쌓이고 있다. 초조한 상황은 위기가 닥쳤을 때 사실을 정확히 파악하고, 대처할 능력을 잃은 상태로 봐야 할 것이다. 누구든 맡은 직분을 다하기 위해서는 현실을 정확히 볼 수 있어야 한다. 지금도 분쟁은 지속되고 있다. 회직자들이 '회원을 위한 협회, 회원을 돕는 협회'로 만들고 싶어도 만들 수 없는 장벽이 너무나 많은 것도 참혹한 우리의 현실이다. 제도나 시스템 그리고 조직 문화에서 나타나는 것일 수도 있고, 자신의 직책을 지위나 권한을 얻는 것 정도로 인식하는 무지에 있다고도 보인다. 이런 부정적 현상이 협회의 고유 기능을 발휘하지 못하게 가로막고 있는 것이다. 회원을 중심으로, 회원을 돕는 것을 목표로 일하기 위해서 '어떤 협회'를 만들 것인지 우리 모두 고민해야 할 때다.

– 협회의 리더로서, 회장이 이루어야 할 꿈은 무엇이라 보는가?

좀 더 도약해 당당한 전문인으로 성장하고, 멋진 직업인으로 살아갈 수 있는데, 협회가 걸림돌이 된다는 회원들의 푸념이 만만치 않다. 그런 걸림돌을 제거하는 회장, '소비자 중심'의 부동산시장으로 바꾸는 데 기여했다는 평가를 받는 회장이 되겠다는 꿈을 가졌으면 좋겠다. 우선 '새로운 협회'로 만들어 혁명적 변화를 이루겠다는 구체적인 목표가 있어야 한다.

– 협회가 '이걸 바꾸지 못하면 변할 수 없다' 싶은 건 뭔가?

정부정책에 무조건 반대하는 게 아니라 '왜 그리해야만 하는가?' 하는 고민을 한 번씩 더 해봐야 한다. 회원 생각하고는 다르더라도, 정부당국이 가야 할 방향이라면 국가적 과업이다. 어차피 우리도 함께 가야 할 방향 아닌가? 참여해 조정하거나, 바로 잡거나, 훌륭한 대안을 제시할 수 있는 역량을 갖추는 데 있다. 더 나아가 우리가 정책을 제안하고 정부정책에 반영시키는 능력을 보여주는 통쾌한 리더십을 발휘할 수 있도록 협회에 강력한 힘을 갖추는 데 집중해야 한다는 생각이다.

혁신의 성공 요소

– 변혁적 변화를 위한 '회원정신'은 무엇에 있다고 보나?

한마디로 주인의식에 있다. 우리는 모두 회원이고 똑 같은 권리를 갖고 있는 것이다. 자신의 권익을 지키기 위해서 권리를 행사하고 안 하고의 문제는 바로 우리의 문제다. 우리가 자신의 주권을 행사할 것이냐 않을 것이냐의 문제다. 회장선거는 물론 모든 선거에서 선거권과 피선거권이 주어진다. 매우 민주적인 방법이다. 이런 민주적 과정이 후보자들에게 매우 힘들기도 하지만, 선택된 자의 긍지와 자부심으로 성실하게 일할 수 있다는 강점도 있다.

– 협회는 회원과 회직자가 반대하는 일을 해야 할 상황이라면?

협회는 시장과 회원공통의 목적을 달성하기 위한 조직이다. 회원은 모두 한배에 탄 것이다. 우리는 시장의 제도와 질서에서 나타난 모순으로 어려움에 처한 동료들을 적극적으로 도와야 한다. 공영의 길이고 공동체의 책무다. 이런 회원 문화가 강력한 리더십을 만들어내는 원천이 되는 것이다. 회원에겐 지시보다는 설득이 효율적이다. 그게 옳은 선택이다. 협회는 아무리 힘들어도, 잘못된 일이라고 느낄 때도 회원의 설득에 나서야 한다. 회원은 모두 똑똑하고 자부심과 긍지를 가지고 있다. 강압적인 지시명령은 하수나 하는 짓이다. 확실한 실패를 보증하는 자충수다. 시장과 회원의 미래를 위해서 진솔하게 회원을 설득할 수 있어야 한다.

– 사무처 직원의 '최고'는 어떤 의미인가?

직원이 가진 역량을 끌어올려서 그 분야에서 최고가 되도록 만드는 게 협회의 목표가 되어야 한다. 직원이 최고가 되기 위해 협회는 많은 투자를 해야 한다. 신입 직원부터 회직자들까지 모든 구성원들의 역량을 극대화 할 수 있을 때 까지 끌어올려야 한다. 직원의 자기계발을 위한 전문교육 및 인문교육 프로그램으로 인재의 육성과 발굴을 지속하여야 한다.

– 회원과 부동산시장은 크게 어려운 상황에 처해 있다고 한다.

10년 후에도 공인중개사는 살아남을 것이다. 우리가 애기하는 건 생존 차원이 아니다. 시장에서 새로운 기회를 찾고 새로운 영역을 찾아 좋은 직업으로 성장할 수 있느냐의 문제다. 그런 변화가 현 체제에서는 불가능하게 보인다. 새로운 가치를 창출하는 '새로운 시스템'에서나 가능해 질 것이다. 기존 체제는 목적이나 비전이 사라진지 이미 오래됐다. 비전과 목표가 사라진 조직은 방황한다. 상대방이나 환경이 만드는 상황에 휘둘려서 이끌려 다니다 표류하기 십상이다. 즉 변화를 추구하는 비전과 목표를 향한 리더십이 보이지 않는 것이다. 협회의 정책이 정부당국과 소비자욕구를 따라잡지 못하는 것이 문제의 본질이라고 할 것이다.

희망을 이야기하자

부동산시장의 현실을 보면 회원들은 분노하고 아파야 되는데, 이미 너무 아파버려서, 지쳐버려서 이제 분노할 기운조차 사라져버린 것 같다. 중개보수 문제가 일방적으로 흘렀고, 아직도 요율에 관한 문제는 회원의 가슴속에 응어리로 남아 있다. 이 문제는 회원의 삶과 직결된 본질적 문제이지만 정부와 사회적 공감대가 이루어져야만 해결되는 아주 어려운 문제다. 이미 잘못 낀 단추를 다시 끼우는 것이 만만한 일은 아니다. 허나 불가능한 일도 아니라고 본다. 결코 포기할 수 없는 일이다. 다만 슬기로운 지혜와 노력 그리고 시간이 필요할 뿐이다. 이 문제는 차기 집권자에게 넘겨지는 고통스런 숙제가 될 것이다. 나는 중개보수의 문제는 실제적인 해결의 문제가 아니라 우리의 업(業)과 삶의 본질적인 문제라는 생각이 든다.

– 문제가 나타나면 협회는 움직이는데, 결과가 보이지 않는다.

우리가 지금 매우 어려운 시련을 경험하고 있다. 이러한 상황으로 내몰린 원인과 문제점들을 총합해서 변화의 방향을 정하고 방법을 찾아야 한다고 본다. 리더십의 문제다. 이럴 때 일수록 근본적인 변화를 선택하는 것이 바람직하다. 정말 실타래처럼 엉켜서 해결 불능할 것 같은 일들도 우리가 도전하고 성취해 내는 멋진 승리를 꼭 맛보아야 한다. 혁명처럼 선명한 변화, 회원 중심의 변화를 이루는 것이 협회와 우리의 궁극적인 목표가 돼야 한다.

– 효율적인 제도와 시스템을 갖추는 것이 변화의 동력이다

협회의 가장 큰 문제의 하나는 제도와 시스템을 효율적으로 구축하지 못한 데 있다. 구조상 항시 미래를 통찰하지 못하고 현상을 유지하는 관행을 답습해 왔다. 실패한 제도와 구조 속에서 현실에 안주한 무지가 과거와 오늘의 실패를 불러온 것이다. 제도와 시스템의 혁명적 변화에 성공하고 정착시켜야 한다. 절망이란 것은 미래의 희망으로 가는 길을 열어주기 위해 나타난 것이다. 위기가 기회이듯, 절망은 희망으로 이어지는 길이다. 우리가 지난날 실패했다고 포기하거나 절망하지 말고 힘차게 일어나자. 도전만이 새로운 기회를 준다.

– 무능과 실패로 점철된 조직이 희망찬 조직으로 바꿔질 수 있는가?

우리 회원과 협회는 맺힌 한(恨)이 너무나 많다. 이제 회원과 협회는 이 한을 넘어서 희망이 넘치는 열정을 토해보자! 희망이란 것, 승리라는 것, 그런 것이 회원에게 현실로 보여 지도록 만들어 나가야 한다. 여기서 가장 중요한 것은 리더십이다. 제도적 변화도 중요하지만 혁신의 본질은 변화에 참여할 수 있는 희망과 열정을 보여주며 솔선수범하는 리더십이 있어야 가능해 진다. 헌신적으로 앞장서서 희망

과 열정이란 강력한 에너지를 충전하고 확산시켜 주는 리더십이다. 이처럼 회원의 열정과 에너지를 고취시키고 믿음과 지지를 얻어내는 것이 리더십의 최고봉이라 할 것이다.

– 위기에 힘들어 하는 회원에게 줘야 할 메시지가 있다면?

주어지는 환경이 어떠하든 극복하며 정진해 나가야 한다. 정부당국의 무심한 정책과 협회의 역량부재로 부동산시장과 회원 그리고 협회가 난관에 이른 것이 아닌가? 문제는 정부당국의 정책이나 경제·사회적 환경 때문에 망가진 것만은 아니라는 데 있다. 기업이든 협회든 외부환경과 내부역량이 어우러져야 좋은 시장 환경으로 개선해 나갈 수 있다. 우리가 내외적인 환경을 수용하거나 극복하면서 전진할 때는 조금도 지치지 않는다. 희망이 있기 때문이다. 포기해야할 때가 우리를 절망에 이르게 한다. 우린 절망조차도 뛰어넘어 새로운 방향을 찾아나서야 한다. 소비자에게 새로운 가치를 제공하면서, 회원의 가치를 국가·사회에 새롭게 인식시켜 나가야 한다. 새로운 비전으로 꿈과 희망을 전하며 야심차게 도전하자!

비전을 향한 큰 그림

목표가 없는 혁신은 새빨간 거짓말이다. 비전을 이룰 수 있는 목표를 제시하며 주장해야 한다. '새로운 협회'로 재정비란 과업은 회원의 소망과 생각을 담은 비전이다. '새로운 협회'로 만들기 위해서 디자인한 청사진을 살펴보며 그 과정에서 나타날 문제점 등 을 짚어보자.

– 지난 협회가 주도한 혁신과 '새로운 협회' 의 차이는?

집권자가 바뀔 때마다 개혁이 이슈였다. 변화욕구가 치열하다는 것이고, 변해야 한다는 사실에는 모두가 동의하는 나쁜 상황에 이른 것이다. 이런 현상이 반복되는 것은 지금 협회가 너무 잘못돼 있다는 것이다. 변화를 시도한 적은 많았지만 방향을 제대로 잡아 성공한 사례는 찾아보기 힘들다. 여기서 우리가 추구하는 '새로운 협회'는 변화의 방향과 목표가 분명하다. 회원의 입장에서, 회원을 위해서 변화를 추구하는 것이다. 이것은 혁명적 변화다. 과거에는 기존제도와 시스템의 일부를 개선하려는 미봉책에 불과했다. 관리시스템의 연장선상에서는 변화가 나타날 수 없다. 이제껏 회원의 마음을 얻어내지 못한 원인이기도 하다. '새로운 협회'는 기존의 제도와 시스템을 파괴하고 회원 중심의 변화를 이끄는 진취적인 조직이다.

– 새로운 협회의 중심에 무엇이 있다고 보나?

새로운 협회의 중심은 회원통합이다. 우리가 지금 가장 시급하게 이뤄야 할 것이 회원을 하나로 만드는 일이다. 이를 위해 지부·지회 중심의 회원서비스체제가 필요한 것이다. 그래야 내부혁신도, 시장 변화도 가능해 진다는 사실을 주시해야 한다. 시장 질서를 위해서도 회원통합이 절박하다는 것을 회원은 알고 있다. 회원통합은 말로만 되는 것이 아니다. 협회가 행동으로 보여 주어야 한다. 협회가 회원에게 도움이 되는 서비스를 만들고 제공하는 변화에서 부터 시작해야 한다. 이는 회원에게 도움이 되는 것(교육, 정보, 정보망 등)을 주어서 '회원을 돕는 협회'로 만드는 것이 지름길이란 것은 분명한 사실이다.

– '새로운 협회'에서 핵심 키워드는 무엇인가?

소비자와 회원, 소통 세 가지다. 소비자 중심 시장을 주도할 회원을 지원하고 도울 수 있도록 제도와 시스템을 바꾸는 데 있다. 회원은 자신이 원하는 주문 형 서비스를 협회로부터 원하는 시간에 언제나 받을 수 있도록 한다. 이는 협회와 회원의 활동에도 커다란 변화를 만들어낼 것이다. 이제 협회가 모든 것을 이끌어가는 시대는 이미 지났다. 회원과 함께 가야만 멀리 간다. 협회와 회원의 생각이 융합되어 상생하는 시대, 성과를 극대화하는 시대를 맞이한 것이다. 신속·

정확한 소통으로 회원의 니즈를 충족시키는 서비스를 개발하고 제공하는 것이 수월해지게 된다. 소통은 이 시대에 첫 번째 키워드다

– '새로운 협회'가 구현하려는 모습은 무엇인가?

회원들의 욕구나 필요를 파악하여 선제적 맞춤형 서비스를 제공하는 역량을 갖추는 데 있다고 본다. 회원이 원하는 전문지식은 물론 실무와 사례, 윤리와 교양 등 다양한 교육과 정보를 중심으로 생생한 지식과 정보를 실시간으로 제공하는 시스템을 갖추는 것이다. 이러한 실무·교육·정보 등의 서비스를 중심으로 회원을 돕는 협회를 만드는 데 있다.

–실제로 적용 가능한 서비스를 예로 든다면?

회원이 요구하기 전에 협회가 찾아서 서비스를 제공할 수 있도록 하는 것이다. 이를테면 시장정보, 바뀐 법령 해설 및 요약, 실무 노하우, 24시간 교육서비스 등 이다. 회원들은 업무에 충실하다보면 소홀히 하기 쉬운 부분을 알아내서 제공하는 것이다. 실무와 전문지식을 강화할 수 있도록 24시간 쉼 없이 제공하는 것도 그 하나다. 이것이 진정한 서비스다. 주목할 점은 회원 서비스 분야는 다양하고 무한할 수 있다. 거래사고 사례 등도 예외는 아니다.

-이를 구현하기 위해 필요한 것이 있을 텐데?

시스템과 사람(직원, 회직자)의 근본적 변화가 먼저 이뤄져야 한다. 회원을 위한 '새로운 협회'의 서비스의 원천은 바로 사람이다. 협회가 보유한 정보는 무궁무진한 가치를 지니고 있지만 사무처는 그 효용가치를 모를 수 있다. 이를 공개해 놓으면 직원·회원이 정보의 가치를 창출하거나 확장해 나갈 수 있다. 정보공유로 미래가치 창출에 효율적으로 대처할 수 있다. 협회의 정보를 공개해야 한다. 반드시 투명하고 정직한 협회로 만들어야 가능한 일이다

— 조직 체질개선이 필요하다는 지적도 있다.

부처 간 융합이 이루어지는 일체형 조직으로 만드는 변화가 필요하다고 생각한다. 조직구조와 시스템을 바꾸어도 조직문화가 따라줘야 조화가 이뤄지고 시스템이 작동할 수 있기 때문이다. 내부교육과 훈련을 실시하며 사례 중심으로 교육과 업무평가 시스템을 갖추어 과학적인 피드백을 얻어내야 한다. 현재는 협업 체제는 물론 내부 평가시스템조차 없다. 부문 간 융합으로 하나의 목표를 향할 수 있도록 평가시스템을 구축하여 활용해야 한다.

— '새로운 협회' 건설이란 비전은 신선하다.

'새로운 협회'로 바꾸자는 비전은 혁신의 방향성을 잘 보여주고 있다. '새로운 협회'는 우리가 완성시켜야할 사명으로서 우리 자신의 변화가 바로 그 첫걸음이다. 계획대로 협회의 변화가 이뤄진다면 훌륭한 모습으로 다른 협회나 조합의 좋은 본보기가 될 것으로 생각한다.

– '새로운 협회'가 집중해야 할 부분은 무엇이라고 보나?

존재 이유에 좀 더 집중하고 성찰할 필요가 있다. 존재이유는 회원이 소망하는 가치를 도출하는 데서 나온다. 회원이 원하는 가치는 안전한 시장, 존중받는 직장, 유능한 협회 등 이다. 회원의 욕구나 필요를 지원하기 위해서는 '회원을 돕는 협회'로 바꾸어야만 가능해 진다. 이러한 본질과 가치를 체계적으로 구현하는데 진력해야 한다.

– 회장 리더십에 바라는 점이 있다면?

회장은 나침반 역할보다 더 중요한 것은 없다. 나아갈 방향과 비전을 제시하는 일이다. 회장은 조직 통솔권을 가진 혁신의 주체다. 회장이 '새로운 협회'의 방향성이나 패러다임, 시스템의 체계성을 좀 더 명확하게 잡아줄 때 더욱 큰 시너지 효과를 발휘하게 될 것이다.

▌지도자는 길러지는 것이다

인재는 길러지는 것이지 하루아침에 만들어지는 것이 아니다. 회원과 시장 속에서 학습하고 체험하면서 성장해야 한다. 아무리 조급해도 하루아침에 훌륭한 인재를 상품 만들 듯이 뚝딱 만들어낼 순 없다. 협회가 인재를 길러내고 학습시키는 현장이자 주체가 되어야 한다. 체계적인 교육·훈련시스템을 갖추고 우수한 인재를 육성하는 제도와 시스템을 갖춰야 한다.

– 회원을 위한 리더십에 중요한 요소로 무엇을 꼽을 수 있나?

리더십에서 무엇보다 중요한 것은 그 사람의 인품이다. 그 다음에 리더십 덕목의 요소로는 첫째 비전을 제시하는 능력. 둘째 정책을 수립하고 추진할 수 있는 능력, 셋째 문제를 찾아 개선할 수 있는 능력, 넷째 인재를 활용하는 능력, 다섯째 정부당국과 진솔한 소통, 여섯째 회원을 하나로 묶어내는 능력을 꼽아볼 수 있을 것이다. 끝으로 경영 전반에 관한 지식과 경험으로 숙성된 경륜이다. 리더십에 매우 중요한 부분이다. 체계적인 학습과 훈련으로 길러지는 부분이다. 이점을 너무 소홀히 하고 있다.

– 현실은 그렇지 못한 것 같다. 무엇이 문제인가?

우선 협회가 회원과 회직자를 존중해 줘야 한다. 무엇보다 지배하거나 통제하려고 하지 말아야 한다. 근래에 협회가 회원과 소통도 하지 않고 회직자를 무력화시키는 현상이 반복적으로 나타났다. 문제는 협회의 독선과 불의에 맞서 싸웠던 사람도 집권하고 나선 똑 같은 방법으로 답습하는 모습이 나타난다. 지독한 역설이다. 준비가 없는 리더십에서 나타나는 일반적 현상이다. 협회에 관한 신념과 가치관이 없기 때문에 나타나는 것으로 봐야 한다.

– 리더십이 문제라는 이야기인가

그렇다. 회직자도 문제다. 특히 이사와 대의원 역할이 중요하다. 이사는 회장을 보필하며 사무처를 감시·감독하는 것과 정책을 수립하는 역할이 있다. 그런데 이사의 제 기능이 보이지 않는 것이다. 이것은 회장을 위하는 것이 전혀 아니다. 회장에게는 날카롭고 절제된 이사가 도움이 된다. 대의원총회는 협회 경영 전반을 감시·감독하는 기능과 협회 제도와 정책을 의결하는 기관이다. 안타까운 것은 이 두 기관의 핵심인 감시·감독 기능이 빠져있다는 점이다. 내분과 무질서의 원인이 바로 여기에 있다. 이 두 기구와 소통 여부도 회장의 몫이다.

– 회장에게 회원과 소통을 강조 했는데?

근래에 협회에서 소통하는 리더십을 만나기가 어려웠다. 이제 진정한 리더십을 위해 누군가는 말과 행동으로 언행일치를 보여줘야 한다. 솔선수범과 청렴에 비전도 역량도 갖춘 리더십이다. 언제나 자신을 낮추고 회원의 눈높이를 맞추면서 친구나 형제, 동료처럼 친숙하게 소통하고 공감하며 일체감을 만들어내는 리더십이 나타나야 할 때가 이미 지났다.

– 회장의 리더십은 주어지는 것인가, 만들어지는 것인가?

우선, '권위를 얻을 것인가?', '권력을 행사할 것인가?' 결정해야 할 것이다. 권위는 청렴과 비전, 언행일치, 성품에서 얻어질 수 있는 것이다. 회원의 존중과 신뢰가 만들어주는 힘이 바로 권위가 만들어주는 강력한 리더십이다. 권력은 제도가 강제한 힘이다. 권력은 수시로 사용할 수 있지만 권위는 구성원 모두가 믿고 따를 때 얻을 수 있는 숭고한 힘이다. 직원, 회직자, 회원이 믿고 따르는 힘보다 더 위대한 힘은 찾을 수 없다. 우리는 아직도 권위로 얻은 리더십을 만나지 못했다. 회장이 권위를 얻는 길은 가장 쉽고 단순하다. 회원의 마음을 얻는데 있다. 권위는 회원의 마음을 얻는 사람에게 주어지는 영예로운 선물이 될 것이다.

- 회원의 협회에 대한 불신은 회직자의 문제인가?

전혀 아니라고 본다. 근본은 협회의 무능 때문이다. 회원이 협회를 안 믿는다. 내부문제가 발생할 때마다 진상규명을 하지 않고 숨기는 것 같은 모습을 회원들은 보고 있다. 순조로운 감사와 결산을 이루지 못하는 것도 회원의 의혹에 부채질을 한다. 협회가 먼저 정직하고 성실해야 한다. 또한 회원도 서운한 것, 부족한 것이 많아도 미래를 향한 꿈을 위해, 협회에 참여해 권한과 책임을 다 하자고 뜻을 모아가면 좋겠다. 어쨌든 협회가 먼저 변해야 한다.

- 현 체제로 회원의 꿈과 희망에 불씨를 살릴 수 있을까?

집권자는 '내가 왜 이 자리에 왔는지?', '회장이 되는 게 목적이었나, 협회의 개선이 목적이었나?' 수시로 이 두 질문에 답하면서 성찰해야 한다. 후보자로서 혁신을 부르짖던 사자후가 사라지기도 전에 내가 변한 것은 아닌지? 살펴봐야 한다. 더욱 심각한 문제는 우리협회가 사람하나 바꿔서는 변할 수 없다는데 있다. 현 체제를 파괴해야 변화가 가능하다. 이것을 모르면서 나서는 사람은 불행한 일이다. 본인은 물론이고, 회원과 시장 그리고 협회에 불행한 일이다.

▎회원은 어떤 지도자를 바라나

– 회장은 어떤 지도자가 되길 바라나?

회원의 생각과 입장을 헤아리는 사람이어야 한다. 부동산시장 주체인 '협회'가 회원의 일상에서, 가정에서 언제나 흥미로운 화제가 될 수 있도록 만드는 사람이 되어야 한다. 회원들이 술이나 차 한 잔을 나누며, 스포츠나 정치이야기보다도 더 신나게 이야기 할 수 있는 협회로 만드는 것은 쉬운 일이 아니다. 참 어려운 일을 해 내는 사람이어야 한다. 그리고 회원이 국가·사회에서 경제적으로, 사회적으로 존중받는 직업으로 개선해 나가는 사람이어야 한다.

– 회장의 인사권이 문제라고 지적해 왔다. 무엇이 문제인가?

회장에게 일상적 인사권은 물론 채용과 파면 권한까지 가지고 있다. 물론 회장의 전권으로 줄 수도 있다. 문제는 회장에게 위임을 하더라도 기준과 원칙이 있어야 한다. 직원의 채용은 공채를 원칙으로 해야 한다. 그리고 직원의 평가, 승진, 전보 등 인사는 내부 평가시스템에 의하여 공정해야 한다. 회장 스스로 엄격히 지켜야할 인사규칙이다. 이런 것이 우린 없는 것이다. 객관적이고 공정한 인사시스템이 사무처에 기강을 확립하고 능력을 발휘토록 한다.

- 정책의 바탕에는 언제나 회원 권익과 존중이 있어야 한다는 주장
  이다.

정책목표는 회원입지를 기준으로 수립해야 한다. 사무처나 회직자
들이 회원의 입지를 배제한 정책을 수립하고 집행한다면 가장 큰 죄
악이다. 회원을 우선 생각하는 정책이 정답이다. 이사와 대의원은 어
떻게 좋은 정책을 만들고, 실현할 것인가 고민하고 해결하는 선구자
가 돼야 한다. 회장은 누구를 막론하고 회원과 많이 만나고, 더 많이
소통하는 게 중요하다.

- 점진적인 변화가 아닌 파괴적 변화를 주장하고 있다.

무엇보다 지금까지 이어온 무능하고 무력한 체제를 청산해야 한다.
특히 중앙에 집중된 권력과 책임질 사람이 없는 구조적 문제를 해결
해야만 변할 수 있다. 책임지는 사람이 있는 시스템, '회원을 돕는' 시
스템으로 바꾸려면, 기존의 구조와 체제를 파괴해야만 가능하다는
것이 확고한 신념이다. 정관개정, 조직개편, 구조조정 등으로 목적과
방향에 변화를 이뤄야만 회원 중심의 회원 서비스를 주도하는 '지부·
지회 자율경영체제'를 만들어 낼 수 있다고 본다. 회원에게 희망을 주
는 파괴적 변화를 우린 기필코 이뤄내야만 한다.

– 정부와 정책으로 갈등이 나타나는 것은 준비가 없어 실패한 것인가

　미안하지만 이사회나 대의원 총회는 정책을 만들어 사무처에 먼저 제시할 정도의 전문 인력이 없다. 생업에 열중하며 협회 발전을 위한 열정으로 수행하는 것이다. 이사와 대의원 현실은 학습하고 연구할 정신적·시간적 여유가 없는 것이다. 사무처가 이사회나 대의원총회에 정책을 보고하면서 제안한 내용의 수준과 조율하는 과정이 중요할 수밖에 없다. 무엇보다 안타까운 것은 우수한 정책을 만들어 제시해야할 사무처에 정책을 비판하고 생성할 만한 전문 인력이 보이지 않는 점이다. 이것은 협회가 인재에 대한 인식과 교육에 관한 철학이 없어서 나타나는 현상이다. 훌륭한 인재를 육성하고 유지하는 인재육성 프로그램과 교육시스템을 갖추어야 한다.

– ‘당선 3개월 이내 정관 개정’해야 한다고 주장하는데?

　정관에 ‘무엇을 담느냐?’가 협회 변화의 나침반이다. 변혁적 변화를 이루는 일도 정관의 뒷받침이 없이는 불가능하다. 소련이 하루아침에 자유민주주의체제로 바뀐 것도 소련헌법이 바뀜으로서 가능해 진 것이다. 나는 변혁적 정관개정론자다. 이것은 협회가 혼자서 할 수 있는 일은 아니다. 우선 회원이 공감할 수 있어야 한다. 또한 정관개정의 주체인 이사와 대의원이 한 마음으로 함께 가야 한다. 심층 토론으로 분석하고 상호 이해와 설득의 자리도 있어야 한다. 협회가 개정방향

을 구체적으로 제시하고 추진해야 가능한 일이다. 분명한 방향을 정하고 정관개정을 추진해야 한다. 취임초애 못하면 임기 내에 다루기 어려운 과업이다.

– 현재의 정관에 대해 '총체적 실패작'이라고 했다. 그 이유는?

다섯까지를 꼽아볼 수 있다. 첫째 협회 존재 이유와 회원권익의 명시가 소홀한 점, 둘째 권력에 균형과 조화를 이루지 못한 점, 셋째 권한에 따른 책임을 분명히 하지 않은 점, 넷째 감시·감독 기능이 없다는 점, 다섯째 감사의 독립성 부재 등을 꼽아볼 수 있다. 더 이상 설명이 필요 없을 것이다

그 자리에 가면 달라진다

– '그 자리에 가기만 하면 달라진다'는 절망이 회원 사회에 만연해 있다.

'그 자리에 가면 달라진다'는 주장에 나는 동의할 수 없다. 그 달라진 모습이 그 사람의 진짜 인품이다. 사람의 성품이 하루아침에 변할 수 없는 것이다. 우리가 그런 사람을 선택한 것이다. 지도자는 회원의 생각이 무엇인가? 회원과 시장을 위해 무엇을 해야 할 것인가? 질문하고 답하며 정책에 골몰해야 한다. 그런데 엉뚱하게 내가 무엇이 될 것인가? 내가 무엇을 얻을 것인가? 에 골몰하는 것 같은 모습이 보이니까, 비판이 나오는 것이다. 투명하고 정직하지 못한 조직에서 나타나는 폐해다. 투명하고 정직한 조직으로 바꾸어야 한다.

– 회원 불신이 일시적 운영실패에서 나타난다고 보는가?

협회의 목표는 회원을 위해 일을 하는데 있다. 협회 존재 이유가 회원이기 때문이다. 회원의 권익을 대변하기 위해 존재하는 것이지 협회가 임직원의 자리를 만들기 위해서 존재하는 것은 아니다. 어떤 경우, 어떤 상황에서도 협회는 '시장과 회원의 성장'이라는 원칙에 충실해야 한다. 이러한 원칙이 보이지 않으니까 회원의 분노와 비난이 극렬하게 나타나는 것이다.

- 위원회 천국이다. 위원회를 설치하면 문제가 해결되는 것인가?

　이슈가 발생할 때마다 새로운 위원회를 구성해서 운영하는 것은 문제가 있다. 위원회에서 결정한 사항이 정책으로 완성되는 것도 아니다. 정책으로 완성되기 위해서는 또다시 대의원분과위원회와 이사회에서 논의돼야 한다. 모든 이슈는 이사회와 대의원분과위원회에서 다루는 것이 원칙이다. 그 문제점을 꼽아본다면 첫째, 의사결정을 지연시킨다. 의사결정에서 타이밍은 매우 중요하다. 둘째, 정책을 만드는 이사회와 대의기구를 무력화시키는 것이다. 셋째, 대의원분과위원회가 다루지 못할 이슈는 하나도 없다. 대의기구 활성화를 이뤄야 한다.

- 협회 리더십에 바람직한 덕목은 무엇인가?

　지도자는 비전과 열정 그리고 실천능력과 결단력이 있어야 한다. 회원의 눈에 신선하고 강력한 비전과 추진력이 보이지 않는 것은 문제다. 지도자는 비전과 목표를 달성하기 위한 정책을 결정하고 그 결과에 따른 보상과 책임을 지는 자리다. 뛰어난 리더십일수록 성과에 관한 보상보다는 잘못된 일에 대한 책임에 더 충실하다. 책임지는 리더십이라고 본다.

– 윤리위원회가 회원갈등 해소와 화합에 기여한다고 보는가?

솔직히 「윤리위원회」에서는 조정과 설득으로 화합을 이루기 위해 노력하는 것을 우선해야 한다. 갈등해소와 화합의 기구가 돼야 한다. 생각이 다름을 인정하면 상호 존중할 수 있고, 이해할 수 있게 된다. 존중과 배려를 바탕으로 조정해야 한다. 공정하고, 원칙을 지키는 모습이어야 한다. 즉 윤리위원회 결정을 승복할 수 있도록 원칙에 충실해야 한다. 이것이 윤리위원회의 권위를 결정한다. 상식이 통하는 결정이어야 한다. 이것이 보이지 않는 것이다.

– 소통과 권위주의 청산을 주장한다. 무엇이 소통인가?

회원은 건의나 청원, 불만 사항을 끊임없이 요구하며 개선이나 변화를 촉구해 왔다. 회원의 소리에 귀 기울이고, 진솔하게 답하고, 필요한 조치를 실행하는 것이 소통이다. 그러나 협회가 회원의 소리에 귀를 기울이고, 답하고, 조치하는 모습을 보여주지 못하고 있다. 이런 현상에 회원이 실망하고 분노하는 것이다. 가슴 터놓고 회원과 소통하며, 미래를 개척하기 위해 고민하는 모습을 보여줘야 한다. 우린 그런 모습을 볼 수가 없어 안타까운 것이다.

– 왜 그런 현상이 지속되고 있는가, 회원에게는 문제가 없나?

존재 이유에 충실하면 회원들은 행복해지게 돼 있다. 회원이 존재 이유에 충실하라고 협회에 채찍질해야 하는 이유가 여기에 있다. 그러나 협회가 망가지면 아무것도 못 한다. 이것이 가장 중요하다. 회원이 깊이 성찰해야할 할 문제이기도 하다. '나만 약다'고 협회를 외면하는 사람이 있다. 바로 자기 발등을 찍는 사람이다. 협회가 제 기능과 책임을 다 하도록 참여해서 감시·감독해야 한다. 회원들이 외면할수록, 무관심할수록, 협회는 더욱 나태하고 오만해 진다. 또한 협회가 제 몫을 못할수록 실망하고 등을 돌리는 회원이 늘어날 것이다,

– 누구의 책임인가?

협회의 모든 공과는 리더십에 있다. 어떤 위기나 난관에도 도전하고 극복하는 리더십, 도전에 나서며 회원의 참여를 이끌어내는 것도 리더십의 몫이다. 리더십에 따라 기업의 회생을 이룬 사례를 살펴보자. 일본 최고의 기업으로 꼽히는 JAL(일본항공)이 부도직전에 지휘봉을 넘겨받은 이나모리 가즈오 교세라 전 회장은 탁월한 리더십으로 기적처럼 2년 만에 JAL(일본항공)을 회생시켰다. 사람에 따라 달라지는 '리더십의 가치'를 입증한 사례다.

– 회원이 공감할 수 있는 혁신을 이룰 수 있는가?

말 그대로 나태함과 무능으로 점철된 조직이다. 위기라는 것을 알

면서도, 피부로 느끼면서도 구성원 모두가 침묵하는 조직은 찾아보기 힘들다. 그 누가 해결해줄 것으로 믿는 것도 아니다. 맨탈 붕괴상태에 빠져 버린 것이다. 방향이 없으니 상황에 휘둘리며 끌려 다니는 것이다. 중개보수 인하라는 마녀사냥에다 '반값 복비'라는 유언비어가 언론에 창궐하는 굴욕을 당하면서 침묵했다. 새로운 방향을 설정하고 제시해야 하는데 그런 모습도 보이지 않는다. 변화는 파괴적 혁신이 이뤄지고 '새로운 협회'가 만들어지면 어렵지 않은 일이라고 본다.

리더십이 그린 청사진

　회원의 기대와 욕구를 바탕으로 변화 프로그램을 갖고 일할 수 있는 사람이 진짜 변화를 이룰 수 있는 사람이다. 리더십이 미래를 그린 청사진(비전)과 설계도(실행 방법) 그리고 그 일정까지 구체적으로 제시할 수 있다면 그 시점이 새로운 변화의 시작이 분명할 것이다.

－ 한국공인중개사협회는 내분이 지속되는 단체로 알려져 있다.

　법원 소송이란 수치스런 상황이 지속적으로 나타나는 것은 제도와 시스템에서 나타나는 근본적 결함으로 봐야 한다. 또한, "시장에서 회원이 경쟁력을 발휘할 수 있는 환경을 지켜주지 못하는 것이 무슨 협회인가?"라는 회원의 날카로운 비판에 답을 할 수 있어야 한다. 나는 이렇게 무능한 협회를 방치하고 있는 리더십에 있다고 본다. 무능하다는 것은 바로 협회 조직시스템이 고장 났다는 것이다. 제 기능을 제 때에 못해서 나타나는 현상이다. 현실을 직시하고 대처할 수 있는 능력부재로 나타날 수도 있고, 책무보다는 자리에 집착하는 조바심에서 나타나는 문제일 수도 있을 것이다. 이런 편협한 사고가 협회를 망가트렸다. 협회경영에 전혀 도움이 되지 않고, 필요도 없는 편을 갈라 분열을 조장한 것은 아닌지 스스로 질문하고 답해보아야 한다. 이런 무지가 미래로 가는 길목을 막고 있다. 낡고 부패한 시스템과 사고를 버리자. 새로운 리더십으로 '새로운 협회'를 건설하는 데 앞장서야할 시기다.

– 리더십을 발휘하기 어려운 제도와 시스템이라는 지적이다.

회장과 회직자들은 회원을 돕는 것을 목표로 일하는 제도와 시스템을 만들어내야 한다. 그런 제도와 환경이 만들어지길 회원들은 목마르게 기다리고 있기 때문이다. 그것이 협회에 대한 불신을 자연스럽게 신뢰로 바꾸는 길이 된다. 정관과 제 규정 그리고 시스템을 새로운 체제로 바꾸어야 한다. 일부에서 부정적 논란과 반대를 하는 어려움도 나타날 수 있을 것이다. 나는 회원의 공감과 동의를 얻어가며 생각을 변화시키는 과정이 매우 중요하다고 본다.

지금 우리가 '새로운 협회' 건설을 이야기하는데 소위 86년 제정된 조직체제는 이미 제 역할을 못한지 십 수 년이 지났다. 정치·사회·경제의 급격한 변화로 기능을 발휘할 수가 없는데도 30년 전의 낡은 구조와 시스템으로 버티고 있는 현실을 수긍할 수 있는 일인가? 이제라도 정관개정을 시작으로 진취적인 변화에 나서야 된다. 회원과 공통의 비전을 설정하고 목표를 담아야 한다. 그런 진취적 도전이 협회를 발전시키며, 회원에게 꿈도 희망도 주는 것이다.

– 협회 개조와 함께 매우 중요한 게 조직문화와 소통이다.

협회 개조는 '회원을 돕는 협회'를 만들자는 목적이어야 한다. 즉 혁신의 최종목표는 회원의 만족과 공감에 있어야 할 것이다. 회원이 스스로 존중 받는다는 자부심과 긍지를 갖도록 하는 데 있다. 한편 회직자는 회원들로부터 받은 권한을 소신껏 행사할 수 있는 시스템과 조직문화를 만드는 것이 매우 중요하다. 훌륭한 시스템도 중요하지만 소통에 자유로운 조직문화를 만드는 것이 더 중요하다. 소통에 자유로운 문화가 소신을 지켜준다

– 사설정보망 중심으로 신·구 회원 간의 갈등요인이 증폭되고 있다

기득권을 지키려는 쪽과 새로 진입하는 쪽의 갈등이다. 신·구 회원 간의 갈등의 문제가 아니라, 화합의 장으로 시장을 바꾸자는 근본적 변화를 찾아야 한다고 본다. 공생공영의 시장 시스템을 만들어야 한다. 방향은 이미 나와 있다. 부동산거래정보 사업에서 그 답을 찾아야 한다. 정보 사업이 성공하면 정보교류 제약이 사라지기 때문이다. 다만, 이 과업이 쉬운 일은 아니다. 그러나 불가능한 일도 아니라는 점에서 희망이 있다고 본다. 회원의 갈등해소는 결국 회원 간 공생공영의 시장을 만드는 것, 이런 것이 다 연계돼 있다고 보아야 한다.

– 이사와 대의원이 주어진 소임을 다 할 수 있는 시스템이 가능한가

이사와 대의원이 회원으로부터 위임받은 소임을 다 할 수 있는 시스템을 만드는 것은 매우 중요하다. 우선 협회정보를 실시간으로 제공받으며 직무를 수행할 수 있는 시스템과 직무관련 전문교육 기회를 제공해야 한다. 또한 자신이 가진 이상을 펼치기 위한 정책연구와 추진을 통해, 공익가치를 창출할 수 있는 환경을 지원하는 일이다. 회원과 시장을 위한 신념을 바탕으로 결실을 이루도록 돕는 것이다. 이들이 자신의 가치관과 꿈을 성취하도록 지원하는 내부시스템을 만드는 문제에 대해 고민해야 한다.

끝으로 회직자 한사람의 신상을 파헤쳐 내면 장단점이 모두 나타난다. 완벽한사람은 없다. 누구든 회직자의 장·단점을 공정하게 봐야 한다. 단점만 찾아서 매도해 나간다면 그 사람은 얼마나 억울할까? 당신이 그 사람의 입장이 될 수도 있다. 우리는 시장공동체의 가족이다.

▌협회와 회원의 의식결핍

– 협회가 새로운 변화에 회원이 참여할 동기를 부여할 방안은 있는가?

회원의 경제적, 사회적 입지 구축에 실패한 협회다. 역설적으로 회원에게도 문제가 있다. 이 시대 부동산시장에서 돌파해야 할 난관은 너무나 많다. 당면한 문제를 통찰하고 준비도 하지 못하는 협회를 바라만 보고 있다. 회원의 불신과 무관심에서 나타나는 현상이다. 회원이 불신을 넘어 기대 심리마저 포기한 상태다. 이러니 협회가 회원의 결속을 만들기가 너무 어려운 것이다. 문제는 어떻게 자기 이익을 위해 '참여하는 회원으로 바꿀 수 있느냐?' 여부에 있다. 그 답으로는 회원복지나 시장선진화 등 공통의 목표를 제시하고 함께 도전하는 과정에 있다. 회원서비스와 투명하고 정직한 협회로 회원의 참여를 이끌어내야 한다.

– 부동산시장에 질서를 규율하는 공동체가 작동하고 있는가?

회원에게 분쟁이 발생했을 때, 문제를 자율적으로 해결하는 공동체가 있는가? 슬프게도 우리 시장에 자율 공동체가 없다. 이런 시장에서, 우리가 어떤 의미와 가치로 살아야 하는가를 고민해야 한다. 혼자만 살 수 있는 시장인가? 그건 결코 아니다. 우리시장은 연결의 시장이다. 나를 연결시켜 줄 사람이 있어야 하고, 내가 연결시켜 줄 할 사람이 있어야 한다. 즉 신의성실로 상부상조하며 분쟁을 해소해 나가는 회원문화가 매우 절박한 현실이다.

우선, 분회가 자율공동체로 묶어지며 상호 신뢰할 수 있는 시장을 만드는 것이 시작이라고 본다. 분회조직이 가족 같은 끈끈한 공동체를 이루는 첩경이다. 회원이 규율에 의한 공동체로 만드는 방법도 있다. 시장 윤리규칙을 만들어 지키도록 시장 질서를 강제할 수도 있다. 즉, 회원이 스스로 만들어 지키도록 하는 것이다. 협회는 공동체의 의미와 가치를 인식하고 지속적으로 지원해야만 한다. 시장에서는 회원에게 지식보다도 윤리의식이 더 소중한 자원이란 생각이 든다. 모든 회원이 연결과 공동체의 의미와 가치를 음미해 보아야 할 것이다.

– 좀 더 현실적인 이야기다. 혁신의 중심에 무엇이 있어야 하나?

매우 민감한 질문이다. 근래에 협회가 혁신에 관한 논쟁의 중심에 시장과 회원 권익에 관한 논쟁은 보이지 않았다. 바로 이것이 중심이 돼야 한다. 혁신의 본래 의미와 목적은 '바림직한 변화'에 있다. 즉 회원과 시장이 동의할 수 있는 가치를 만드는 변화다. 우리는 이런 바람직한 일을 못하고 있다. 즉 변화의 목표와 그 이해가 부족하다. 리더십과 사무처가 혁신을 위한 바른 변화와 연결시키지는 못하고 방향을 상실한 채 겉도는 모습만 보여준 것이다.

– 지난날 협회의 변화 과정에서 시장과 회원권익 문제는 언제나 빠져
  있었나?

그렇다. 회원권익은 변화목표에서 절대로 분리해선 안 된다. 변화는 시장과 회원성장을 전제로 하는 정직하고 유능한 협회를 만드는 데 있어야 한다. 그동안 협회 혁신의 논쟁에서 시장과 회원권익의 문제는 언제나 빠져 있었다. 회원이 비판하는 원인이 여기에 있다. 회원권익은 복지와 업무영역 등 에서 이뤄진다. '회원을 돕는 협회'로 바꾸어 서비스를 강화시켜야 한다. 이런 점을 분명히 하지 않으면 '혁신이냐, 아니냐'는 쓸데없는 논쟁만 하게 된다. 정직하고 유능한 협회는 회원과 관계개선과 지도자의 청렴과 도덕성, 부정부패와 비리의 차단 등 경영의 본질을 포함한 개념이다. 회원을 돕는 협회는 시장질서 규율(협회 몫), 시장육성과 제도적 변화(정부 몫), 공동체 형성(회원의 몫)이 효율적으로 이뤄지도록 궁리하면서 성취해야 한다. 이를 위해선 회원통합, 시장규칙 제정과 준수, 청렴과 헌신의 리더십 등이 함께 작동해야 한다. 무엇보다 협회가 신의성실 원칙을 지키는데 충실해야 한다.

– 시장에 효율적 대응을 못하고 위축되고 있다. 회원의 신뢰는 무너지
는데 협회 내분과 갈등은 점점 심화되는 것 같아 안타깝다. 희망은
어디에 있을까?

어려운 질문이다. 나는 여러 가지 절망적인 목소리에도 불구하고 낙
관적 생각을 가지고 있다. 그렇다고 분별없는 멍청한 낙관은 아니다.
역설적이지만 우리가 그동안 터무니없는 실패를 반복했기 때문에 변
화가 가능하다고 본다. 이제는 정신을 차리고 유쾌한 성공을 할 때가
왔다. 여기서 유쾌한 성공이란 새로운 협회, 회원을 돕는 협회로 바
꾸는 일이다.

새로운 협회란 "어떤 목적으로 협회를 설계를 하는가?" 질문에 답
할 수 있어야 우리가 목표를 달성할 수 있게 된다. 즉, 회원을 돕는
기능을 갖추고, 투명하고 정직한 협회, 시장질서와 회원권익 신장을
위한 능력을 발휘할 수 있도록 설계해야만 한다. 회원의 복지증진에
방점을 찍고, 부정부패와 비리를 청산하는 변화가 우리의 꿈과 희망
을 담아낼 수 있을 것이다.

– 회원의 자각으로 회원공동체를 이루어내자는 것인가

인간이란 자신의 이익에 우선하게 돼 있다. 자신의 꿈과 가족을 챙
기는 게 우선하는 목표지만 지나치면 오히려 부메랑으로 돌아올 수
있다는 점을 우린 주시하자. 동료회원을 배려하고 존중하지 않으면 언

젠가는 자신도 힘들어진다. 시장공동체의 요체라고 보아야 한다. 자신을 위한다면 공동체로 단결하여 상호 존중하고 배려해야 한다. 공동체의 중심인 협회는 회원 개개인을 위한 울타리가 되기 위해 존재한다. 다소 어려움이 따르더라도 회원 스스로 공동체의 가치와 의미를 소중히 지키고 가꾸어 나가야 한다. 회원의 가치관이 매우 중요하다.

– 협회 무용론을 빙자해 회비 등을 피한다. 해결할 방안은?

우선 협회가 회원의 마음을 얻어야 한다. 회원사회의 공감과 합의를 얻어내 낼 수 있도록 협회가 먼저 변해야 한다. 한편 회원은 자신의 회비가 투자돼 가져올 효과를 주시해야 한다. 회비를 거부하기 보다는 '회비가 어디에 쓰이는지' 살피는 게 우선이다. 회원은 자신이 낸 회비의 사용처를 알 권리가 있다. 협회는 회원에게 회비의 사용처를 소상하게 공개해야 한다. 또한 행정서비스는 물론 교육, 연구개발, 정책개발, 시장질서, 정보사업 등에서 탁월한 성과를 얻어야 회원의 신뢰도가 높아지고 자율적인 참여가 이뤄진다. 이런 선순환들이 바람직한 변화를 만들어 준다. 회원에게 더욱 훌륭한 가치를 제공할 수 있게 되고, 협회는 더욱 성장하게 된다. 혁신의 방점은 회장의 청렴이다. 청렴한 회장이 원칙과 정의를 수호할 수 있다. 솔직히 말해 부정부패는 도둑질이다. 너무나 지저분한 도둑질이다.

▌정보사업 부실이 회원성장을 막고 있다

–세계화와 인터넷은 블랙홀처럼 모든 시장을 빨아들이는 시대다. 모든 직종에서 삶의 수단과 공간을 지키기 어려운 것이다. 우선 회원의 일자리에 대한 생각이 궁금하다.

회원과 시장 문제는 협회에 가장 중요하고 민감한 부분이다. 부동산시장의 미래에 대해 깊고 폭 넓은 논의와 연구가 필요하다. 부동산시장에서 소비자들이 회원에게 거래를 의뢰하는 것이 정신적·경제적 이득이란 보상을 얻을 수 있어야 한다는 점이다. 즉 공인중개사에게 의뢰하는 것이 소비자에게 물심양면으로 이익이란 믿음을 주는 것이 첫째고, 인터넷에서 명품 브랜드로 성공한 부동산거래정보 사이트를 회원에게 제공하여 소비자와 직접 연결되도록 하는 일이 그 둘째다. 끝으로 소비자들이 공인중개사를 활용하는 것이 권익을 보호받는 것이란 믿음과 인식을 심어줄 수 있는 사회적 환경을 조성하는 데 마지막 열쇠가 있다.

– 부동산시장 주도권이 IT산업 속으로 흡수되는 기류를 우려하는 시각이 크다.

세계화 현상과 인터넷은 오프라인 시장 질서를 급격히 무너트리고 있다. 현실은 e-부동산시장(인터넷 속 부동산시장)이 실질적 부동산시장이다. 이제 e-부동산시장을 떠난 부동산시장을 이야기 할 수 없는 시대다. 협회는 그 파괴력을 짐작은 하면서도 설마설마 하던 우려가 오늘의 현실로 다가온 것이다. 예측하고 준비하는 리더십이 없었다. 즉 미래에 대한 통찰력과 '상비필승 常備必勝'의 전략부재에서 나타난 것이다. 네 차례의 도전이 있었다.(2013년1월 이전)모두 실패했다. 다양한 원인과 이유를 들 수 있겠지만 문제는 정보 사업에 목표가 없었다. 예를 들어, '회원을 돕는 협회'를 만들자는 목표를 세우면 무엇을 어떻게 해야 할지 구체적인 방법이 나오게 된다. 목표가 없는 리더십은 방향도 방법도 찾을 수가 없는 것이다.

– 정보 사업이 위축된 이유는 무엇이라고 생각하는가?

우선, 정보사업의 성공요소의 하나는 새로운 기술로 앞서는 선도성이다. 첫째, 정보의 신속성, 신뢰성이다. 둘째, 편익성과 이익이 따라야 한다. 셋째, 회원과 국민 즉 소비자의 믿음과 선택이 따라야 한다. 믿을 수 없다면 아무도 쓰지 않는다. 소비자와 회원은 얻는 것이 없으면 방문하지 않는다. 넷째, 사용하기 쉽고 빠르고 정확해야 한다. 이런 기술적 승리를 이뤄내야 한다. 협회는 시장을 선도하는 프로그램으로 e-부동산시장을 장악해야 한다. 치밀한 준비와 역량 강화에 집중하는 담대한 전략과 거침없는 도전으로 이뤄내야 한다.

그 둘로, 정보사업의 본질은 '뛰어난 기술과 장비'에 있다. 이것을 갖추지 못하면 무조건 실패다. 기술과 장비를 갖추기 위해 인적·물적 자원을 전폭적으로 충족시킬 수 있어야 한다.

그 셋으로, 협회 정보사업의 브랜드화다. 브랜드 고유의 가치와 의미를 직시하고 돈과 시간이 들더라도 자체 브랜드로 성공해야 e-부동산시장의 주도자로 우뚝 설 수 있다는 점이다.

― 사설 정보망보다 먼저 시작하고도 후발주자가 됐다. 어떻게 이런 일이?

우선 선점자를 반면교사(反面敎師)로 삼아야 할 것이다. 정보사업의 성공엔 회원과 소비자의 신뢰가 절대적이다. 접근이 쉽고, 정보가 정확하고 믿을 수 있어야 한다는 점이다. 사용방법을 쉽게 하는 데 초점을 맞춰야 한다. 원하는 정보를 찾는데 클릭 몇 번으로 검색하고 사용할 수 있어야 한다. 경쟁자가 5단계를 거친 다면 우리는 3단계로 단축해야 하는 것이다. 또한 우리의 강점을 최대한 살려내야 한다. 우리의 강점으로 첫째는 회원이란 네트워크가 이뤄져 있다. 부동산정보가 풍부하다. 둘째, 장비나 개발비를 조기 회수할 부담이 없다. 지속적 투자환경을 갖추고 있다. 셋째, e-부동산시장에서 독점적 브랜드로 존재하는 승리를 얻어야 한다. 협회는 모든 자원을 투입해서라도 승리를 이뤄야 한다. 기술도 신뢰도 최고의 부동산 포털로 우뚝 서는 그날까지! 협회는 꿈과 희망을 도전하는 행동으로 보여줘야 한다.

기술적·재정적 지원이 없는 정보 사업은 실패한다. 나무를 심고, 물을 주지 않는 것과 똑 같다. 모든 사업은 기술적·재정적 지원 방안을 마련해 놓고 시작한다. 지속적인 재정 지원 방안을 구체적으로 마련해야 한다. 회장이 몇 명이 바뀌어도 변함없이 지원되고 정책의 방향이 유지되면서 더욱 더 연구·발전시켜 나가는 선순환이 이뤄져야 할 핵심 기반사업이다.

– 세계화가 압박하는 상황이다. 부동산시장에도 급속히 다가오고 있나

상황이 나쁜 것은 부동산시장만은 아니다. 사회적 위상이 대단한 법률시장도 미래의 시장변화에 대응하기 위한 연구와 준비에 골몰하고 있다고 한다. 부동산중개시장은 전문시장으로 입지도 구축하지 못했고, 시장규율이나 자정능력조차 갖추지 못한 채, 현재에 이른 것이다. 우리는 회원과 시장의 미래를 위한 '소비자 보호' 시스템을 준비하지 못했다. 설상가상으로 부동산정책도 공인중개사 중심시장에 대해서는 부정적 신호를 보내고 있는 위기 상황이다. 그러나 회원의 고통이 급박하게 다가오지는 않을 것으로 보인다. 종합법인의 출현과 외국기업의 진출을 막을 수 없다면 우리는 '새로운 길'을 모색해야 한다. 특히 우리의 약점에 위축되기 보다는 우리의 강점을 찾아 나서야 한다. 기회를 잡을 수 있는 강점을 찾아 활용하는 도발적인 전략이 필요하다고 본다. 강점을 찾아내고 발전시킬 연구개발이 시급한 것이다.

– 그렇다면 이 시기에 협회가 우선해야 할 일과 절실히 필요한 것은
  무엇인가?

  우선 존재이유에 충실해야 한다. 이제껏 회원과 협회의 유지관리에
만 집중해 왔다. 이것이 발전이라고 알고 있었는데, 전혀 아니다. 시
장과 회원을 위한 연구개발이 보이지 않는다. 시장변화나 발전이 저
절로 이뤄지는 것은 아니다. 시장에서 경쟁력을 잃어가는 사무실들이
점점 늘어나고 있다. 회원의 양적 증가 수치만 보지 말고, 무엇이 시
장과 회원의 성장을 이루는지 살펴봐야 한다. 무엇보다 소중한 것은
회원이다. 협회 목표가 '회원 중심', '소비자 중심'으로 변해야 한다. 이
것이 바로 새로운 변화의 핵심이자 미래 성장의 마중물이다.

– 교육이 회원과 협회의 성장으로 이어진다고 생각하는가?

  회원에게 좋은 교육을 제공하지 못하는 것은 직무유기다. 협회에
회원이 원하는 수준의 교육과정이 없어, 고액의 수강료를 지불하며
외부에서 학습하는 상황을 성찰해야한다. 교육목적은 회원의 성장을
돕는데도 있지만 또한 협회성장의 지름길이다. 회원이 외부에서 학습
하는 것은, 협회 교육의 방향과 목표가 잘못된 것이다. 도식적 교육
에서 나타나는 현상이다. 전문교육도 중요하지만 직업윤리와 협업 그
리고 공화정신을 배양하는 데 노력해야 한다. 회원 수칙으로 화합과
정직, 성실 그리고 공화정신을 담아야 한다. 전문지식과 윤리로 무장

한 회원의 성장은 '소비자 보호'로 이어지고, 회원의 성장은 협회의 성장으로 이어질 것이다.

– 부정부패와 무능이란 악순환을 척결하고 혁신에 이루는 길은?

리더십이 정직하고 청렴해야 한다. 상대를 이해하고 배려하며 존중할 줄 알아야 한다. 공동체로서 공생공영의 시장을 꿈꿔야 한다. 선진시장이란 게 무엇인가? 시장에서 우리만 생각해서는 못 산다. 우리가 사는 길은 '소비자 보호'라는 직업인의 책무에 충실하고 시장 규율을 준수하는 데 있다. 회원의 가치관과 태도, 시장과 소비자를 바라보는 관점이 훌륭한 시장에는 문제가 없다. 부실한 리더십은 스스로 학습하지도, 이해하지도 않고, 사익에 충실하다. 이런 현상이 차단돼야 한다. 공익에 충실하고, 청렴하고, 비전과 역량이 있는 리더십이 나타나야 할 것이다. 부정부패와 무능은 리더십이 풀어야할 문제라고 보아야 한다.

– 회원을 위한 복지와 서비스가 보이지 않는다. 회원이 협회서 얻을 것이 없다고 생각하니, 눈앞의 작은 이익에만 급급한 것 아닌가?

회원복지 즉 서비스 확충을 위해 재정운용의 건전성은 필수조건이다. 협회재정을 적재적소에 배분하고 그 성과를 측정하며 개선해 나가야 한다. 재정의 투명성과 건전한 운용은 혁신의 본질 중 핵심이다.

재정의 변화는 예산서를 보면 즉시 보인다. 무슨 일을 하는지 다 보인다. 건전한 변화를 보여줘야 한다. 그래야 회원은 '협회가 잘 하는구나!' 하는 신뢰와 함께 적극적인 지지와 참여가 이뤄질 것이다. 기꺼이 회비도 내게 될 것이다. 예산에서 변화의 청사진을 보여줘야 한다. 미래와 현실을 준비하고 회원복지의 장·단기 재정계획을 수립해 한다. 회원신뢰를 상실한 것보다 더 무서운 것은 없다. 탁월한 복지가 신뢰를 얻고, 회원을 참여시키는 길이다. 회원 의견을 수렴하고, 설득하며 복지를 강화해 나가야 할 것이다.

– 부동산시장은 고질적 장외세력에 약탈당하고 있다. 회원은 점차 힘든데?

부동산종합법인이 시장의 주도세력이 된다면 공인중개사가 앞으로 더 좋은 시장 환경을 얻어내기는 점점 더 어려워질 것으로 보인다. 종합법인의 시장장악으로 공인중개사 업무영역을 싹쓸이 한다는 회원들의 시각이 틀렸다고 할 수도 없는 불안한 상황으로 치닫게 된다.

정부당국은 부동산종합법인이 시장에 진입했을 경우, '소비자 보호'를 위해 서비스를 확충할 것인지, 시장을 장악한 권력을 이용해 부동산정책을 이어갈 것인지 신중하게 살펴야 할 것이다. 시장을 장악한 권력은 이 시대 무시할 수 없는 권력이다. 정부당국도 나타날 결과를 깊이 살펴야 한다. 솔직히 소비자에게 그다지 큰 도움은 되지 않을 것 같다. 오히려 소비자를 원하는 방향으로 끌고 다니는 '시장권력'으로 나타나기가 십상이다. 정부는 진정 소비자를 보호하는 정책이 무엇이고, 그 방향은 옳은 것인지, 사려 깊게 궁리하며 선택해야 할 것이다.

일단 그들이 시장을 장악한 다음에 정부당국이 시장체제를 바꾸려 들면 난공불락의 요새를 탈환하는 어려움이 따를 것이 분명하다. 부동산종합법인과 관련된 시장의 소소한 문제점을 개선하려고만 해도 쉽지 않을 것이다. 공인중개사처럼 만만한 상대가 아니라는 점이다.

– '소비자 보호'를 위한 시장질서가 선진시장, 전문시장으로 가는 길인가?

소비자를 위한 부동산시장을 만드는 데는 우선, 회원이 학습하고 연구하며 전문지식은 물론 폭넓은 지식인으로 경쟁력을 갖추도록 노력해야 한다. 정부가 앞장서서 조장하며 유도해야 한다. 시간이 걸리더라도 협회가 회원의 전문지식의 수준을 더욱 더 제고하면서 공인중개사의 사회적 위상과 입지를 높여야 하는 과업은 매우 중요하다. 소비자 보호를 위한 시장질서와 규율을 정부가 제시하고, 환경을 조성해 주면 회원과 시장은 신속히 순응하게 된다. 협회와 회원은 '정부정책이 옳다'는 판단이 서면 시장의 변화는 순조롭게 이뤄지게 될 것이다. 물론 선진시장으로 전환이 성공하려면, 회원의 전폭적이 참여와

각고의 의지가 필요하다고 보인다. '소비자 보호'를 위한 시장질서는
자연스럽게 전문시장으로 자리를 잡게 될 것이다.

– 협회에 어떤 변화를 이뤄야 하는가, 구체적인 방향이 있다면?

회원을 도구로 삼는 회원관리 체제는 이미 실패했다. 회원을 목적
으로 삼아, 회원을 도울 수 있는 '회원서비스' 시스템을 갖춰야 한다.
회원이 협회를 이탈하는 현실에서 어떤 변화를 이룰 것이냐를 고민할
단계는 이미 지났다. 답은 오직 하나다. 「떠난 회원이 되돌아오도록
만들어야 한다.」그들이 되돌아오도록 '회원을 돕는 협회'를 만들자는
것이다. '회원을 돕는 협회'를 만드는 것이 쉬운 일도 아니지만 방향과
방법을 알고 의지가 확고하다면 결코 어려운 일도 아니다. 비전을 향
해 정확하고 치밀한 변화로 회원의 신뢰를 쌓아나가야 한다.

– 지부·지회자율경영체제를 주창해 왔다. 그 성공 요소는 무엇인가?

첫째는 사무처가 스텝조직으로 변해서 지부·지회 중심의 서비스조
직을 지원하는 변화다. 중앙의 관료적 권한을 지부·지회로 나누는 권
력분산이다. 둘째는 소통이다. 회원의 입장이나 시각에서 때로는 시
장과 소비자의 입장에서 바라보며 소통해야 한다. 그래야 회원도 소
비자도 협회에 마음과 귀를 연다. 셋째로 이러한 시스템이 빛나도록
조직구조를 정관으로 명시하여 흔들림이 없도록 만드는 데 있다.

– 회원에게 도움이 되는 협회를 만드는 것이 가능한가?

변화에 쉬운 일은 없다. 다만 참혹한 위기의식을 모든 구성원(회원·직원·회직자)이 가지고 있다는 점에서 희망이 있다고 본다. 변할 수 있는 환경이 조성되어 있다는 것이 분명하기 때문이다. 우선 '새로운 협회'를 만드는 과정과 방법들이 구체적이어야 한다. 혁신에 필요한 지식과 경륜에서 울어나는 지혜가 필요할 것이다. 특히 중요한 것은 우리 회원이나 회직자들이 가진 패배주의를 극복할 수 있어야 해야 한다. 우리가 할 수 있나? 주제파악을 해야지? 대통령이 와도 안 돼! 하는 부정적 사고를 가지고 있는 한, 우리는 영원히 변화를 이룰 수가 없다. 우선, 우리의 의식을 긍정적이고 적극적으로 바꾸어야 한다. 스스로 '할 수 있다'고 우리 자신의 생각을 바꿔야 한다. 그리고 우리 모두 정직하고 헌신적이어야 한다.

나는 부동산시장의 앞날을 낙관하지도, 절망하지도 않는다. 우리의 가슴속에 뜨거운 열정이 있다. 부동산제도개선과 질서를 바로 잡는 데는 많은 시간과 끝없는 열정이 있어야 한다. 시장과 회원을 위한 목표를 세우고, 투철한 신념으로 도전하는데서 우린 미래를 찾아야 한다.

- 협회가 정부와 관계가 소홀한 상황에서도 회원의 신뢰를 얻을 수 있
다고 보나?

그렇다. 내가 지켜본 바에 의하면 정부의 시장정책에 관한 대응이
든 협회 내부적 문제든 어떤 결정과 행동을 할 때, '왜 그렇게 하는지'
회원에게 이해할 수 있도록 설명을 해줘야 한다. 이것이 회원의 마음
을 움직이게 된다. 신뢰를 얻는 비결이 따로 있는 것이 아니다. 또한,
회원이 협회에서 나쁜 일들이 일어나는 것을 원하지 않는다고 나는
확신한다. 안정되고 진취적인 시장을 만드는 게 회원의 희망이고, 삶
의 질과 이어지는 관건이기 때문이다.

- 협회는 정부와 정책이나 관계에서 고민이 나타날 수 있다. 어느 방
향으로 가야 하나?

실용정책을 견지하여야 한다. 회원과 시장의 입장에서 지향하는 정
책방향을 유지하는 원칙을 지켜야 한다. 어떤 문제가 나타나도 감정
적 시각이나 단순한 이해관계로 보는 하수의 조급한 시각을 벗어나
야 한다. 정부와 지속적 대화와 협력을 통해 발전의 길을 모색해야
한다. 정부와의 대화와 협력관계를 포기해서는 안 되는 이유가 있다.

정부가 결정하는 정책은 곧 바로 시장과 회원에게 현실로 다가 온다는 사실 때문이다. 그동안 정부당국과 대화와 협조를 위한 노고를 다했을 것이다. 그러나 결과가 없으면 아무런 소용이 없다.

다음으로는 '소비자 보호'시장으로 만드는데 앞장서야 한다. 앞으로 정부당국은 물론 소비자 단체와의 정보공유 그리고 관계설정에 진력해야 한다. 정부당국과 소비자단체 간의 대화나 교감의 자리도 주선하고 지원하면서 부동산 정책에 보이지 않는 주도자가 돼야 한다. 정부당국은 물론 시장 변화를 향유할 소비자 단체나 유관 단체와도 지속적으로 대화와 교감을 형성해야 한다. 이런 변화는 정부당국이나 사회 그리고 언론도 따뜻한 미소로 답할 것이다.

− 왜 이제껏 소비자·사회단체와 교류하며 소통하는 모습을 보여주지 못했나?

협회가 시장의 본질을 읽어내지 못한 데 있다고 볼 수도 있고, 공인중개사법의 근본취지와 정책 방향을 정확히 파악하지 못한 데 있을 수도 있다고 본다. 부동산 시장에서 소비자 보호를 목표로 시장을 개선하자는 주장은 정부나 소비자에게 오히려 신선하게 들릴 것이다. 같은 맥락에서 협회는 보수적이고 방관자적 시각에서 너무 오래 갇혀 있었다. 시대와 시장의 변화흐름을 타고 유연히 적응해야 하는데 너무나 무지했다. 소비자와 사회 속에 파고들어 공감을 얻지 못한 것이다. 이제는 우리가 소비자 권익을 위한 소비자 중심의 시장정책을 강력하게 추진해 나가야 한다. 이러한 진취적인 정책을 정착시키기 위해서는 소비자단체는 물론 사회단체와 교감과 소통이 지속적으로 이루어지도록 노력해야 한다.

– 주무부처와 동반자가 되어야 한다는 것은?

대정부 관계가 소원한 모습이다. 정부당국의 속내를 모르는 채 희망사항으로 접근하면 백전백패다. 우리가 희망한다고 정부정책이 쉽게 바뀌지는 않는다는 것은 자명하다. 협회는 인내심과 진정성으로 관계를 개선하며 제도와 정책에서 합리적으로 조율해 나가야 한다. 이것은 단순히 회원의 문제만이 아니다. 소비자의 문제이고, 시장의 문제이고, 국가 경제의 문제다. 정부와 협회 실무자는 물러나면 그만이지만 만들어진 정책은 부동산시장과 협회, 회원과 소비자에게 직접적으로 영향을 미치게 된다. 부동산정책 실무자들은 소비자 권익을 바탕으로 정책의 방향을 잡아야 한다는 사실에 주목해야 한다. 상호 정책방향이 다름에 대한 서운한 감정은 버려야 한다. 더욱 진솔한 소통으로 상호간 이해하고 배려하는 노력이 필요하다. 협회가 무조건 거부만 할 수도 무조건 수락할 수도 없는 것이 부동산 정책이다.

예산과 결산에 관한 관리·감독

– 예산과 결산에 관한 관리·감독에 문제점은 무엇인가?

지금껏 협회는 형식적인 결산이었다. 그나마 결산에서 얻어진 피드백을 다음해 예산안에 반영하지 못하였다. 현재로서는 직전년도의 결산에서 얻은 피드백을 다음 예산에 충분히 반영하도록 하는 것이 상책이다. 그리고 결산에 관한 심의가 없다. 이사회에도 대의원총회에도 심의기능이 없다. 감사의 감사보고서와 사무처의 결산자료로 마무리하고 있다.

또한 예산을 편성하면서 전년도 감사보고서에서 나타난 지적사항을 반영하지 못한다. 앞으로는 감사보고서의 지적사항을 충실하게 반영해야 한다. 또한 결산과 예산 심의를 유기적으로 연계해 효율적이고 과학적인 예산편성이 이루어지도록 해야 한다. 이사회와 대의원총회에 결산심의권을 부여해야 한다. 그동안 예산과 결산에 관한 관리·감독이 너무 소홀했다

– 예산 편성을 보면 회원 서비스가 보여야 하나?

　부동산 시장의 정책과 중흥에 가장 큰 무게를 둬야 한다. 지금처럼 어려운 때일수록 연구개발 부문의 예산을 확충해 지적역량을 키워야 할 필요가 절실하다. 회원복지 예산에 대해서는 전폭적인 지원이 따라야 한다. 주는 복지가 아니라 회원에게 도움이 되는 서비스를 제공하기 위한 예산이다. 재정이 감당할 수 있는 여력을 모두 쏟아 붓는 소신의 리더십이 요구된다.

– 예산 편성의 과정과 방법은 어떤가?

　많이 잘못됐다. 전년도 예산을 기준으로 편성하는 관행을 파괴하고 새로운 시각으로 새로운 방향으로 편성해야 한다. 즉 과거를 답습하는 예산편성 기준의 틀을 벗어나야 한다. 전년도 예산 틀에다 금액만 가감해서는 아무런 변화를 이룰 수 없다. 백지상태에서 새로운 틀(비전, 목표)을 만들고 진취적, 효율적, 과학적으로 편성해야 한다. 문제는 관행적인 예산의 틀을 벗어나는 것이 매우 어렵다. 리더십이 비전과 식견을 갖고 과감히 방향을 제시해야 한다.

– 방만한 재정운용이 문제라는데?

　우리협회의 재정누수가 매우 심각하다. 우선 불요불급한 예산은 줄

여야 한다. 우린 예산을 분배한 뒤 지출된 돈이 제대로 사용됐는지 체계적으로 점검해 본 사례가 없었다. 현재의 재정으로도 회원복지 예산은 충분히 확장할 수 있다고 본다. 예산을 합리적으로 절약하고 편성한다면 매년 총 예산의 10%정도(25억 원 내지 30억 원)를 회원 복지 예산에 배정할 수 있다고 생각된다. 복지예산을 편성하자고 하면, 늘 재정이 부족하다고 해 왔다. 예산의 실효성을 감시·감독은 안 하면서 회원복지에 사용할 재원이 없다는 것은 너무 잘못된 일이다.

우리가 꿈꾸는 **협회,**
우리가 디자인한 **협회**

펴 낸 날 2015년 9월 10일

지 은 이   임재우
펴 낸 이   최지숙
편집주간   이기성
편집팀장   이윤숙
기획편집   윤은지, 주민경, 박경진
표지디자인 윤은지
책임마케팅 임경수
펴 낸 곳   도서출판 생각나눔
출판등록   제 2008-000008호
주   소   서울 마포구 동교로 18길 41, 한경빌딩 2층
전   화   02-325-5100
팩   스   02-325-5101
홈페이지   www.생각나눔.kr
이 메 일   webmaster@think-book.com

• 책값은 표지 뒷면에 표기되어 있습니다.
  ISBN 978-89-6489-507-8 13320

• 이 도서의 국립중앙도서관 출판 시 도서목록(CIP)은 서지정보유통지원시스템 홈페이지
  (http://seoji.nl.go.kr)와 국가자료공동목록시스템(http://www.nl.go.kr/kolisnet)에서
  이용하실 수 있습니다(CIP제어번호: CIP2015024054).